事业单位
会计核算与实务

苏 昂　陈庆霞　任庆斌 ◎ 编著

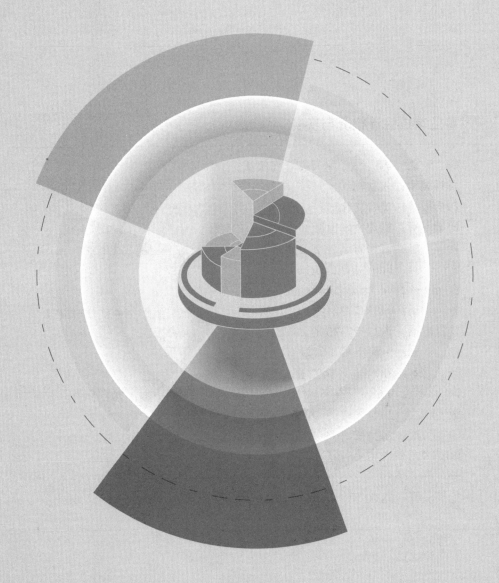

延吉·延边大学出版社

图书在版编目（CIP）数据

事业单位会计核算与实务 / 苏昂，陈庆霞，任庆斌
编著. -- 延吉：延边大学出版社，2024. 7. -- ISBN
978-7-230-06902-1

Ⅰ．F812.2

中国国家版本馆 CIP 数据核字第 2024KM4804 号

事业单位会计核算与实务

编　　著：苏　昂　陈庆霞　任庆斌
责任编辑：朱秋梅
封面设计：文合文化
出版发行：延边大学出版社
社　　址：吉林省延吉市公园路 977 号　　　　邮　　编：133002
网　　址：http://www.ydcbs.com
E-mail：ydcbs@ydcbs.com
电　　话：0433-2732435　　　　　　　　　传　　真：0433-2732434
发行电话：0433-2733056
印　　刷：三河市嵩川印刷有限公司
开　　本：787 mm×1092 mm　　1/16
印　　张：9.5　　　　　　　　　　　　　　字　　数：201 千字
版　　次：2024 年 7 月　第 1 版
印　　次：2024 年 7 月　第 1 次印刷
ISBN 978-7-230-06902-1

定　　价：68.00 元

前　言

随着社会主义市场体系的不断完善和政府改革的不断深入，事业单位作为现代经济结构的重要组成部分，也应随着改革的浪潮进行相应的改革。财务管理与会计核算是事业单位财务工作的重要支柱，也是事业单位财务工作运行的核心。与此同时，财务运行机制的变革、财务关系的复杂化、财务工作重点的转移、筹资渠道的拓展、收支性质的变化、事业单位会计准则的颁布等，都在要求事业单位比以前任何时候都重视财务管理与会计核算工作。在我国改革的大趋势下，事业单位更应该不断地更新财务管理理念、完善会计核算体系，使事业单位快速适应我国经济环境的发展变化。如今，事业单位在财会制度、财会工作中出现了许多新的概念、新的管理要求和新的核算形式。《事业单位财务规则》（中华人民共和国财政部令第108号）、《政府会计准则——基本准则》（中华人民共和国财政部令第78号）、《政府会计制度——行政事业单位会计科目和报表》（财会〔2017〕25号）等财会法规、制度的出台，标志着我国政府会计准则体系和制度建设取得了积极进展，初步建成了统一、科学、规范的政府会计核算标准体系，夯实了政府财务报告的编制基础。

事业单位是指在政府有关部门的领导下，为社会生产和精神文明建设服务、为人们生活服务的社会团体和组织。绝大多数事业单位都不从事物质资料的生产和经营，因而它们不属于物资生产领域的单位，但它们都是社会主义市场经济不可缺少的组成部分。我国事业单位的类型较多，性质复杂，各单位的任务和业务活动内容又各不相同，各单位的经济状况差别也较大。基于上述情况，事业单位会计不仅要对预算资金和其他资金运动进行核算、反映和监督，更要对收支预算的编报、管理和执行结果进行考核和分析，提高预算管理水平和资金的使用效率。事业单位的会计科目共分为资产、负债、净资产、收入、支出五大类。这五大类会计科目，基本可以全面反映各种类型事业单位的预算资金和其他资金运动的全过程及结果，适用于各种类型的事业单位。事业单位会计人员的主要职责，就是要进行会计核算和单位预算管理。

会计核算是行政事业单位财务工作的重要支柱，也是其运营的核心。同时，金融运行机制的转变、金融关系的复杂性、金融优先事项的转移、融资渠道的扩大、收支性质的改变等，都要求行政事业单位更加重视财务管理和会计核算。

本书从事业单位会计的基本理论、事业单位会计的基本核算方式、事业单位的资产核算、事业单位的收支及社保基金核算以及新的"政府会计制度"在事业单位中的应用五个方面对事业单位会计制度进行了研究。书稿语言简练，逻辑、层次清晰，对我国行政事业单位的财务管理和会计核算进行了比较深入的研究和分析，系统地阐述了行政事业单位财务管理和会计核算的主要内容，探讨了行政事业单位财务工作的重点和难点，以期帮助从事相关工作的工作人员增强实践意识，并在一定程度上促进行政事业单位收支管理的规范化，提高财政资金的使用效率，帮助行政事业单位财务人员充分掌握财政改革的政策，不断地提高自身的业务水平和质量。

张荣慧、张旭、韩敏参与了本书的审稿工作。由于笔者的知识有限，编写时间仓促，书中难免有不尽人意和错漏之处，敬请广大读者批评指正。

目　录

第一章 事业单位会计基本理论

第一节 事业单位会计的基本概念

会计按其适用范围，可分为企业会计和非企业会计。财政预算会计、行政单位会计、事业单位会计属于非企业会计，有时也被统称为预算会计。事业单位会计是核算、反映和监督各级各类事业单位预算执行情况及其结果的专业会计。

一、事业单位会计的含义

事业单位会计是以事业单位实际发生的各项业务活动为对象，记录、反映和监督事业单位财务状况、工作成果、预算执行情况及结果的专业会计。我国的政府会计体系包括财政总预算会计、行政单位会计和事业单位会计，因此事业单位会计是我国政府会计体系的重要组成部分。在政府会计体系中，事业单位会计属于政府单位会计，以部门预算资金为会计核算对象，向会计信息使用者提供有用的会计信息，为预算管理以及单位的经济与财务管理服务。

事业单位是向社会提供公益性服务的组织，各项业务活动不以营利为目的，其经费主要来源于财政补助和服务收费。财政补助是财政部门拨给事业单位的预算资金，体现了国家对发展公益事业的支持。服务收费是事业单位开展各项服务所取得的有偿收入，用以弥补事业单位经费的不足，以便使其更好地开展社会公益活动。事业单位会计需要反映财政预算资金的使用情况和单位的业务资金使用情况，并且合理组织收入，严格控制经费支出，认真进行会计监督，做好日常会计核算工作。

二、事业单位会计的目标

会计目标是会计活动所应达到的目的和状态，目标定位的恰当性直接关系到会计系统运行的效率及其实现的可能性。会计目标影响会计主体对会计报表体系的设计，影响会计提供信息的范围和质量规范，进而影响到会计要素确认和会计政策的选择。因此，会计目标是会计体系的重要理论问题，许多国家把它列为会计理论框架的首要问题。事业单位会计的基本目标是向会计信息使用者提供与事业单位财务状况、预算执行等有关的会计信息，反映事业单位受托责任的履行情况，有助于会计信息使用者进行社会管理、做出经济决策。

事业单位会计的具体目标主要有以下三个：

第一，核算财政财务收支情况，促进计划实现，保证行政任务的完成。事业单位会计要利用其专门的核算方法，对政府财政资金和事业单位业务资金的活动情况，进行连续、全面、系统的反映，为国家预算管理和单位财务管理提供可靠的数据资料。政府事业单位会计的日常核算资料是编报财政财务收支情况的依据。

第二，分析财政财务收支执行进度，合理调度资金，调节资金供需关系。经常保持资金需求与供应的协调、平衡，经常保持适当数量的财政库存和单位库存，是保证年度总预算和单位预算顺利执行的必要条件。由于各种收入和支出在实际中是有波动的，在年度预算收支平衡的条件下，每个季度、每个月份、每旬的收入和支出不可能都是平衡的，这就需要财务人员运用会计提供的资金集中、分配和余存的资料，经常性地分析、研究财政库存和经费存款的情况，掌握资金收入和支出的变化规律，以解决年度预算执行过程中财政资金和业务资金需求与供应之间可能出现的矛盾。

第三，检查财政财务收支计划执行结果，实行会计监督，维护国家的财经纪律。国家财政资金和事业单位业务资金的收支，反映着财政、行政等事业单位活动的范围和方向，反映着国家财经方针、政策的执行情况。政府事业单位会计在核算总预算和单位预算收支情况的同时，必须按照财政财务收支计划，以国家有关方针、政策、法令和制度为依据进行严格检查。事业单位会计通过反映和监督职能，对财政财务计划执行的过程和结果进行核算、分析和检查，从而起到调节资金供需平衡、保证业务方向正确的作用。因此，事业单位会计在国家财政管理和单位财务管理中占有重要地位。

三、事业单位会计的分类

按照事业单位从事的专业业务是否具有行业特征，事业单位会计可分为普通事业单位会计和行业事业单位会计。

普通事业单位是不具有行业特点的事业单位。普通事业单位的公益性较强，以财政补助为主要收入来源，不能或不宜由市场配置资源。普通事业单位包括行政支持类事业单位、公益一类事业单位和其他没有行业特征的事业单位。普通事业单位会计执行统一的会计制度，侧重为预算管理服务，兼顾事业单位财务管理的需要。

行业事业单位是具有行业特点的事业单位。事业单位分布在不同的领域，有些事业单位的行业特征较显著，有着不同于普通事业单位的业务活动；有些事业单位需要通过市场配置资源，主要是通过专业业务活动获取收入。行业事业单位主要包括医院、科学事业单位、高等学校、中小学校和彩票机构等。行业事业单位会计执行特定的行业会计制度，在满足预算管理要求的前提下，侧重反映单位的业务活动情况和事业成果，提供有助于单位进行经济决策的会计信息。

四、事业单位会计的特点

行政单位会计、事业单位会计和财政总预算会计一起组成了非企业会计。非企业会计与企业会计相比，存在着明显的特点。作为非企业会计的组成部分，事业单位会计具有自身的特征：

第一，会计核算的资金类型多样化。事业单位资金来源渠道多元化，既有财政预算拨款，又有上级主管单位补助；有其他单位或个人捐赠，还有开展业务活动、经营活动取得的收入。

第二，会计核算的业务内容复杂。事业单位可以执行政府授权的职能，可以开展必要的有偿服务，还可以开办经济实体，进行对外投资，所以经济业务事项内容较多，会计核算比较复杂。

第三，事业单位一般应以收付实现制为会计核算的基础，但经营收入业务可以采用权责发生制。

五、事业单位会计的信息质量要求

（一）可靠性

事业单位应当以实际发生的经济业务或者事项为依据进行会计核算，如实反映各项会计要素的情况和结果，保证会计信息的真实、可靠。事业单位的会计信息必须以可靠为基础，如果财务报告提供的会计信息不可靠，就会对政府等会计信息使用者的决策产生误导，甚至造成损失。

为了贯彻可靠性要求，事业单位会计应当做到以下几点：

第一，以实际发生的交易或者事项为依据进行确认、计量，将符合会计要素定义及其确认条件的资产、负债、净资产、收入、支出或费用等如实反映在财务报表中，不得根据虚构的、没有发生的或者尚未发生的交易或事项进行确认、计量和报告。

第二，在符合重要性和成本效益原则的前提下，保证会计信息的完整性。其中，编报的报表及其辅助内容等应当保持完整，不能随意遗漏或者减少应予披露的信息，与使用者决策相关的有用信息都应当充分披露。

第三，包含在财务报告中的会计信息应当是中立的、非偏颇的，如果单位在财务报告中为了达到事先预想的结果或效果，通过选择或罗列有关会计信息以影响决策和判断，这样的财务报告信息就不是中立的。

（二）完整性

事业单位应当将发生的各项经济业务或者事项统一纳入会计核算，确保会计信息能够全面反映事业单位的财务状况、事业成果和预算执行情况等。事业单位会计信息的全面性是指提供的会计信息应当反映事业单位在一定时期内各方面的经济业务和经营过程，在时间上是连续不断的，在空间上应包括各部门、各单位的会计信息，在内容上应包括事业单位会计要素的各个方面，从而使会计信息能够全面反映事业单位的财务状况和预算执行情况。

（三）及时性

事业单位对于已经发生的经济业务或者事项，应当及时进行会计核算，不得提前或者延后。会计信息的价值在于帮助决策者作出经济决策，具有时效性。即使是可靠的、具有重要价值的会计信息，如果不能被及时提供，也就失去了时效性，对使用者来说，其效用就会大大降低，甚至不再具有实际意义。

在会计确认、计量和报告过程中贯彻及时性，要做到以下几点：

一是要求会计及时收集会计信息，即在经济交易或者事项发生后，及时收集整理各种原始单据或者凭证。

二是要求及时处理会计信息，即按照会计准则的规定，及时对经济交易或者事项进行确认或者计量，并编制财务报告。

三是要求及时传递会计信息，即按照国家规定的有关时限，及时将编制的财务报告传递给财务报告使用者，便于及时使用和决策。

在实务中，为了及时提供会计信息，可能要在有关交易或者事项的信息全部获得之前进行会计处理，这样就满足了会计信息的及时性要求，但可能会影响会计信息的可靠性。反之，如果等到与交易或者事项有关的全部信息获得之后再进行会计处理，可能会由于时效性问题而大大降低信息披露对政府等会计信息使用者的有用性。这就需要会计在及时性与可靠性之间进行相应权衡，以最大限度地满足政府等会计信息使用者的经济决策需要。

（四）可比性

事业单位提供的会计信息应当具有可比性。对于同一事业单位，在不同时期发生的相同或者相似的经济业务，应当采用一致的会计政策，不得随意变更；对于确实需要变更的，应当在附注中将变更的内容、理由和对单位财务状况的影响予以说明。

（五）相关性

事业单位提供的会计信息应当与事业单位受托责任履行情况的反映、会计信息使用者的管理和决策需要相关，这有助于会计信息使用者对事业单位过去、现在或未来的情况作出评价或预测。会计信息质量的相关性要求企业在确认、计量和报告会计信息的过程中充分考虑使用者的决策模式和信息需要，但相关性是以可靠性为基础的，两者之间并不矛盾，不应将两者对立起来。也就是说，会计信息要在可靠性的前提下，尽可能地保持相关性，以满足事业单位会计信息使用者的决策需要。

（六）明晰性

事业单位提供的会计信息应当清晰、明了，便于会计信息使用者理解和使用。事业单位编制财务报告、提供会计信息的目的在于使用，而使用者要有效使用会计信息，应当了解会计信息的内涵，理解会计信息的内容，这就要求财务报告所提供的会计信息应当清晰、明了，易于理解。只有这样，才能提高会计信息的实用性，实现财务报告的目标，向事业单位会计信息使用者提供有用信息。

六、事业单位会计的基本前提

会计基本前提又称会计基本假设，是进行会计核算的基本条件。会计的基本前提是合理限定会计核算的范围，确定会计核算对象、选择会计方法、收集加工处理会计数据，从而保证会计工作正常进行、保证会计信息质量。事业单位会计的基本前提包括会计主体、持续经营、会计分期和货币计量。

（一）会计主体

事业单位会计主体是事业单位会计为之服务的特定单位，它限定了事业单位会计核算的空间范围。会计主体是持续经营和会计分期这两个前提的基础。只有规定了事业单位会计主体，事业单位会计核算才会有明确的范围，在此基础上会计要素才会有空间的归属，也才能正确反映会计主体的各会计要素的情况和结果，进而向有关方面提供正确的会计信息。事业单位会计主体是与本级政府财政部门直接或间接发生预算拨款关系的事业单位。

（二）持续经营

持续经营是指在正常情况下，事业单位的经济业务活动无限期延续下去，在可以预见的未来不会终止。持续经营规定了事业单位会计核算的时间范围，即会计主体的经济业务活动将无限期继续存在下去。只有在持续经营的前提下，事业单位的经济业务活动才能得以进行，会计核算才能使用特有的程序和方法，全面、系统地反映会计主体的财务状况和收支情况。也就是说，事业单位会计核算所使用的原则、程序和方法都是建立在持续经营的基础之上的，只有在这一前提下，会计人员才能在日常的会计核算中对经济业务作出正确判断，对会计处理方法和会计处理程序作出正确选择。事业单位会计核算应当以政府会计主体的持续运行为前提。

（三）会计分期

会计分期又称会计期间，是指将事业单位持续经营的经济业务活动，根据信息使用者的需要，人为地划分为一个个连续的、长短相同的期间，以便分期结算账目、编制会计报表、及时向有关各方提供有用的会计信息。会计分期是对持续经营前提的必要补充。会计期间通常为一年，称为会计年度，我国事业单位会计年度采用日历年度。为了及时提供会计信息，还可以划分若干较短的期间，如季度和月份。事业单位会计核算应当划分会计期间，分期结算账目，按规定编制决算报告和财务报告。事业单位的会计期间至少分为年度和月度，会计年度、月度等会计期间的起讫日期采用公历日期。

（四）货币计量

货币计量是对事业单位会计计量尺度的规定，指事业单位会计主体在会计核算过程中以货币为计量单位，综合反映事业单位会计主体的经济业务活动情况。货币计量是会计的基本特征，只有以货币计量为前提，事业单位会计核算所提供的信息才具有可比性，才能满足信息使用者的需要。以货币计量为前提，还包含假设币值保持不变，因为只有在币值稳定的前提下，对不同会计期间的会计要素的核算才有意义，才可以对前后各期加以比较。事业单位会计核算应当以人民币作为记账本位币；当开展外币业务时，应当将外币金额折算为人民币金额进行计量。

七、事业单位会计的组织系统

我国事业单位会计组织系统分为主管会计单位、二级会计单位和基层会计单位三级。

（一）主管会计单位

主管会计单位也称一级会计单位，即向同级财政部门领报经费并发生预算管理关系、下面有所属会计单位的主管部门。它向同级财政部门领取的经费既包括本单位的经费，又包括由它转拨的所属单位的经费。因此，主管会计单位除有权支配本单位经费、接受财政部门的指导和监督外，还有权支配所属单位的经费，有权在所属各单位之间分配预算拨款。

（二）二级会计单位

二级会计单位又称附属会计单位，即向主管会计单位或上级单位领报经费并发生预算管理关系、下面有所属会计单位的部门。它从主管会计单位或上级单位取得的经费中，既包括本单位的经费，又包括由它转拨所属基层单位的经费。因此，二级会计单位除有权支配本单位经费、接受主管会计单位或上级单位的指导和监督外，还有权支配所属各基层单位经费，对其预算资金进行分配。

（三）基层会计单位

基层会计单位又称三级会计单位，是指向上级单位领报经费并发生预算管理关系、下面没有所属会计单位的部门。

以上三级会计单位实行独立会计核算，负责组织管理本部门、本单位的全部会计工作。有些单位人员较少，经费不多，财务收支及事务简单，不具备独立核算条件的，实行单据报账制度，作为"报销单位"管理。

事业单位会计组织系统与行政单位会计组织系统的主要区别在于：由于有行政隶属关系的存在，事业单位一般都会从属于相关的行政主管部门或者行业行政主管单位，因此大多数行政单位是主管会计单位，而大多数事业单位是二级事业单位。

也就是说，这些事业单位不会直接与同级财政部门发生预算管理关系，只会直接与其所隶属的行政单位发生预算管理关系。例如，小学、中学、高校等教育事业单位一般隶属于教育局或教育部，直接与其所隶属的教育局或教育部发生预算管理关系，不会直接与同级财政部门发生预算管理关系；医院、疾病预防控制中心、医疗急救中心、卫生学校等医疗卫生事业单位一般隶属于卫生行政部门，与卫生行政部门发生行政隶属和经费申报关系。

不过，有些事业单位例外，虽然其在业务上接受相应行业的行政单位指导，但它们却直接与财政部门发生预算管理关系，这种事业单位就不再是二级会计单位，而是主管会计单位。

第二节 事业单位会计的组成体系和特点

一、事业单位会计的组成体系

事业单位会计是对事业单位发生的各项经济业务和事项进行会计核算，主要反映和监督事业单位的财务状况、运行情况、现金流量和预算收支执行情况的会计。

（一）事业单位会计的构成

按照会计功能来划分，事业单位会计由财务会计和预算会计构成。事业单位财务会计是指以权责发生制为基础，对事业单位发生的各项经济业务和事项进行会计核算，反映和监督事业单位的财务状况、运行情况、运行成本和现金流量等信息的会计。事业单位预算会计是指以收付实现制为基础、对事业单位预算执行过程中发生的全部收入和全部支出进行会计核算、主要反映和监督预算收支执行情况的会计。

（二）事业单位会计组织系统

根据机构建制和经费领报关系，事业单位会计组织系统可分为主管会计单位、二级会计单位和基层会计单位三级。主管会计单位是指向同级财政部门领报经费并发生预算管理关系、下面有所属会计单位的事业单位。二级会计单位是指向主管会计单位或上级单位领报经费并发生预算管理关系、下面有所属会计单位的事业单位。基层会计单位是指向上级单位领报经费并发生预算管理关系、下面没有所属会计单位的事业单位。向同级财政部门领报经费并发生预算管理关系、下面没有所属会计单位的，视为同基层会计单位。

主管会计单位、二级会计单位和基层会计单位实行独立会计核算，负责组织管理本部门、本单位的全部会计工作。不具备独立核算条件的事业单位，实行单据报账制度，作为"报销单位"管理。因事业单位大多为行政单位的下属机构，所以大多数事业单位为二级会计单位。

二、事业单位会计的主要特点

事业单位会计是适用于各级各类单位财务活动的一门专业会计。事业单位会计核算应当具备财务会计和预算会计的双重功能，实现财务会计和预算会计适度分离并相互衔接，全面、清晰地反映事业单位的财务信息和预算执行情况。

事业单位的财务会计核算实行权责发生制，预算会计核算实行收付实现制，对于国务院另有规定的，依照其规定实行。事业单位会计核算的目标是向会计信息使用者提供与单位财务状况、事业成果、预算执行情况等有关的会计信息，反映单位受托责任的履行情况，有助于会计信息使用者进行管理、决策和监督。事业单位会计信息使用者包括人民代表大会、政府及其有关部门、单位自身和其他会计信息使用者。

事业单位会计具有以下三个主要特点：

（一）事业单位会计的主体——各级各类事业单位

事业单位应当对其自身发生的经济业务或事项进行会计核算。事业单位自身发生的经济业务或事项与同级财政总预算发生的经济业务或事项之间，既有重叠的地方，又有相互独立的地方。

例如，如果同级政府财政为单位支付日常人员经费，则同级政府财政总预算会计应确认支出，单位会计也应确认支出；如果同级政府财政为单位支付购买办公设备的款项，则同级政府财政总预算会计应记录支出，单位会计在记录支出的同时，还应记录固定资产；如果单位对设备计提折旧，则同级政府财政总预算会计没有相应的经济业务或事项，但单位需要记录相应的经济业务或事项。

再如，如果事业单位利用取得的事业收入支付日常办公经费，则事业单位会计形成支出，但财政总预算会计不形成支出；对于事业单位取得的非财政资金收入和发生的非财政资金支出，事业单位会计应确认相应的收入和支出，但对财政总预算会计来说，则既没有收入，又没有支出。

（二）事业单位预算会计——反映单位的预算执行情况

事业单位预算会计在反映单位预算执行情况时，采用的会计核算方法需要与相应的预算编制方法一致，只有这样，预算数与会计核算的决算数才具有可比性，会计核算的结果才能反映预算执行情况。由于事业单位预算分为基本支出预算和项目支出预算，基本支出预算又分为人员经费预算和日常公用经费预算，各种预算又分别安排财政拨款收入和其他相关收入，因而单位预算会计需要按照预算管理的相关要求，分别为各种预算组织会计核算，以分别反映各种预算的执行情况。事业单位预算会计核算单位预算执行情况，若没有相应的预算，也就没有相应的单位预算会计核算。

（三）事业单位财务会计——反映单位的财务状况

事业单位财务会计中的资产、负债和净资产三个会计要素构成了单位的财务状况。

单位的资产不仅包括库存现金、银行存款、零余额账户用款额度、应收账款等货币性资产，而且包括存货、固定资产、在建工程、无形资产等非货币性资产。有些行政单位的资产还包括政府储备物资、公共基础设施等特殊种类的资产。有些事业单位的资产还包括短期投资、长期投资等种类。

事业单位的负债包括应缴财政款、应付职工薪酬、应交增值税、其他未交税金、应付及暂存款项、预提费用等。有些事业单位的负债还包括短期借款、长期借款等。

事业单位的净资产不仅包括累计盈余、无偿调拨净资产，而且包括专用基金、权益法调整等。这与财政总预算会计的资产、负债和净资产的种类有很大的不同。

事业单位财务会计如实反映单位的财务状况，有利于加强对单位资产、负债和净资产的管理。

三、事业单位会计核算的特点

（一）采用"双基础"和"双要素"

事业单位财务会计核算以权责发生制为基础，预算会计核算以收付实现制为基础。事业单位会计要素包括财务会计要素和预算会计要素，财务会计要素包括资产、负债、净资产、收入和费用五类，预算会计要素包括预算收入、预算支出和预算结余三类。

（二）具备"双系统"和"双功能"

事业单位会计由财务会计和预算会计两个系统构成，由此，同一单位会计核算应当具备财务会计和预算会计的双重功能。财务会计系统进行资产、负债、净资产、收入和费用五类要素核算，预算会计系统进行预算收入、预算支出和预算结余三类要素核算。"双系统"和"双功能"能够实现财务会计和预算会计适度分离并相互衔接，全面、清晰地反映事业单位的财务信息和预算执行信息。

（三）实行"双报告"和"双目标"

事业单位会计应当编制财务报告和决算报告：

事业单位财务会计主要以权责发生制为基础，以财务会计核算生成的数据为准，编制财务报告。财务报告是反映事业单位某一特定时期的财务状况和某一会计期间的运行情况及现金流量等信息的文件，应当包括财务报表（主要包括资产负债表、收入费用表、现金流量表和附注）和其他应当在财务报告中披露的信息和资料。

事业单位预算会计主要以收付实现制为基础，以预算会计核算生成的数据为准，编制决算报告。决算报告是综合反映事业单位年度预算收支和结余执行结果的文件，应当包括决算报表（主要包括预算收入支出表、预算结转结余变动表和财政拨款预算收入支出表）和其他应当在决算报告中反映的信息和资料。

事业单位的财务报告和决算报告目标不同：

财务报告的目标是向财务报告使用者提供与事业单位的财务状况、运行情况（含运行成本）和现金流量等有关的信息，反映事业单位公共受托责任的履行情况，有助于财务报告使用者作出决策或者进行监督和管理。事业单位财务报告使用者包括各级人民代表大会常务委员会、债权人、各级政府及其有关部门、事业单位自身和其他利益相关者。

决算报告的目标是向决算报告使用者提供与事业单位预算执行情况有关的信息，综合反映事业单位预算收支的年度执行结果，有助于决算报告使用者进行监督和管理，并为编制后续年度预算提供参考依据。事业单位决算报告使用者包括各级人民代表大会及其常务委员会、各级政府及其有关部门、事业单位自身、社会公众和其他利益相关者。

第三节 事业单位会计的工作对象、要素及规范

一、事业单位的会计对象

会计对象又称会计客体，是指会计所核算、反映和监督的内容，具体指社会再生产过程中能以货币表现的资金运动。事业单位会计的对象是事业单位会计所核算、反映和监督的内容，事业单位会计以货币计量为前提，因此事业单位会计的对象是能以货币表现的事业单位的资金运动。

事业单位作为由国家机关或者其他组织利用国有资产建立的社会服务组织，肩负着事业单位部门预算执行和完成国家规定的各项事业计划的职责。在组织单位经济业务活动中，事业单位按照核定的部门预算和分月（季度）用款计划，通过财政直接支付和财政授权支付等方式，从同级财政部门获取拨款或者按照国家规定取得其收入和预算收入。同时，按照预算规定的用途和开支标准，履行其职责，形成其费用和预算支出，收入超过费用的部分形成盈余，预算收入超过预算支出的部分则形成结转结余。

事业单位在取得收入和预算收入、发生费用和预算支出的过程中，必然形成单位的资产、负债、净资产和预算结余，因此事业单位会计的对象是事业单位资金的获取、使用及结果，表现为事业单位在经济业务活动中所发生的收入和预算收入、费用和预算支出、盈余和结转结余，以及由此形成的资产、负债、净资产和预算结余。

二、事业单位的会计要素

事业单位的会计要素分为财务会计要素和预算会计要素。事业单位财务会计要素包括资产、负债、净资产、收入和费用五类。事业单位预算会计要素包括预算收入、预算支出和预算结余。

三、事业单位的会计规范

（一）基本规范

为了满足权责发生制政府综合财务报告制度改革的需要，规范事业单位的会计核算，提高会计信息质量，根据《政府会计准则——基本准则》（中华人民共和国财政部令第 78 号）等法律法规，中华人民共和国财政部（以下简称"财政部"）制定了《政府会计制度——行政事业单位会计科目和报表》（财会〔2017〕25 号），自 2019 年 1 月 1 日起施行（至今仍然适用），鼓励事业单位提前执行。执行本制度的单位，不再执行《行政单位会计制度》《事业单位会计准则》《事业单位会计制度》《医院会计制度》《基层医疗卫生机构会计制度》《高等学校会计制度（2013）》《中小学校会计制度》《科学事业单位会计制度》等制度。

（二）相关衔接规定

为了确保新制度在事业单位的有效贯彻和实施，财政部制定了《关于国有林场和苗圃执行〈政府会计制度——行政事业单位会计科目和报表〉的衔接规定》《关于测绘事业单位执行〈政府会计制度——行政事业单位会计科目和报表〉的衔接规定》《关于地质勘查事业单位执行〈政府会计制度——行政事业单位会计科目和报表〉的衔接规定》《关于高等学校执行〈政府会计制度——行政事业单位会计科目和报表〉的衔接规定》《关于中小学校执行〈政府会计制度——行政事业单位会计科目和报表〉的衔接规定》《关于科学事业单位执行〈政府会计制度——行政事业单位会计科目和报表〉的衔接规定》《关于医院执行〈政府会计制度——行政事业单位会计科目和报表〉的衔接规定》《关于基层医疗卫生机构执行〈政府会计制度——行政事业单位会计科目和报表〉的衔接规定》等。

（三）其他规范

《事业单位财务规则》（财政部令第 108 号）于 2021 年 12 月 31 日审议通过，自 2022 年 3 月 1 日起施行。为贯彻落实《事业单位财务规则》，进一步规范文化、广播电视、文物、体育事业单位的财务行为，财政部会同有关部门，修订印发了《文化事业单位财务制度》（财教〔2022〕160 号）、《广播电视事业单位财务制度》（财教〔2022〕161 号）、

《文物事业单位财务制度》(财教〔2022〕162号)、《体育事业单位财务制度》(财教〔2022〕163号),自印发之日起施行。根据《事业单位财务规则》修订情况和文化、广播电视、文物、体育行业事业单位财务管理的实际情况,此次财务制度修订保持了现有制度框架,聚焦于反映财政改革进展、行业事业发展特点和事业单位管理需求,增强与《事业单位财务规则》的衔接,提高修订的针对性和可操作性,为下一步预算管理、债务管理、资产管理等各项改革预留空间。

为深入贯彻党中央关于加强财会监督的决策部署,落实财政管理改革有关要求,进一步规范科学事业单位财务行为,加强财务管理和监督,提高资金使用效益,2022年8月19日,财政部会同中华人民共和国科学技术部修订印发了《科学事业单位财务制度》。《科学事业单位财务制度》以落实改革精神、坚持问题导向、适应科研活动规律、体现科学事业单位财务特点为原则,根据新修订的《事业单位财务规则》(财政部令第108号),对相关内容进行了修订。

为建立健全政府成本核算指引体系,规范科学事业单位的成本核算工作,根据《事业单位成本核算基本指引》(财会〔2019〕25号)、《科学事业单位财务制度》(财教〔2022〕166号)等规定,财政部于2022年9月26日制定了《事业单位成本核算具体指引——科学事业单位》。与此同时,为规范高等学校成本核算工作,根据《事业单位成本核算基本指引》(财会〔2019〕25号)、《高等学校财务制度》(财教〔2022〕128号)等规定,财政部于2022年10月9日制定了《事业单位成本核算具体指引——高等学校》。2022年10月9日,为进一步落实财务、资产管理有关要求,规范事业单位划转撤并的会计处理,更好地服务党和国家机构改革,根据《行政事业性国有资产管理条例》《行政单位财务规则》《事业单位财务规则》和政府会计准则制度等相关规定,财政部制定了《行政事业单位划转撤并相关会计处理规定》并遵照执行。

第二章 事业单位会计的基本核算方法

第一节 事业单位会计科目与记账方法

一、会计科目

行政事业单位会计科目是对会计对象（会计要素）的具体内容进行分类核算的类目，是设置账户、进行账务处理的依据。会计科目是对会计对象的基本分类，为了提供更为具体的会计信息，还要对会计对象做进一步的具体的分类，从而将其分为若干个会计科目。为了使行政事业单位会计提供信息的口径一致，便于相互比较和理解，应按照一定的原则设置会计科目。

（一）设置会计科目的原则

1.会计科目应具有统一性

为了保证会计科目的名称与核算内容一致，便于财政部门和上级主管部门对会计核算资料的综合汇总和分析运用，行政事业单位会计科目中的总账科目和二级科目应由财政部门或主管部门统一制定，各单位必须使用财政部门统一制定的会计科目，不得随意变更和增减。

2.会计科目应与预算收支科目相适应

会计科目的性质和内容与行政事业单位预算收支科目相适应，才能把会计科目所记录和反映的结果与单位预算收支的结果进行比较分析，以满足预算管理的需要。

3.会计科目的设置要简明易懂、简便易行

设置会计科目，既要使其全面、系统地反映和监督预算资金活动的过程和结果，又要使科目名称简要明白、含义确切、对应关系清楚，从而方便处理账务。

（二）行政事业单位会计科目的分类和编号

行政事业单位会计科目按其不同的会计基础，分为财务会计科目与预算会计科目；按其提供指标的详细程度，可分为总账科目和明细科目两种。总账科目是对会计对象具体内容进行总括分类的会计科目。在会计科目表中，财务会计科目分为资产类、负债类、净资产类、收入类和费用类等五类，预算会计科目分为预算收入、预算支出与预算结余等三类。明细科目是对总账科目核算的具体内容进行详细分类的会计科目，是总账科目的具体说明，对总账科目起补充和分析的作用。

为了便于编制凭证、登记账簿、查阅科目、提高记账效率，并为逐步实现会计电算化创造条件，对于每个会计科目，除了要统一名称以外，通常还要为每个科目编一个代用符号，这个代用符号被称为会计科目符号。会计科目编号可以有不同方法，但一般采用"数字编号"，即用有规律的数字作为科目代号。

在我国，现行会计制度中规定的行政事业单位会计科目编号都采用四位三段数编码。第一位数字（第一段）表示科目所属会计要素类别，如"1"表示资产类科目，"2"表示负债类科目，"3"表示净资产类科目，"4"表示收入类科目，"5"表示费用类科目，"6"表示预算收入类科目，"7"表示预算支出类科目，"8"表示预算结余类科目；第二位数（第二段）表示科目的经济用途类别，如1001库存现金、1011零余额账户用款额度等科目的第二位数字"0"表示货币资金性质的科目，1212应收账款、1213预付账款等科目的第二位数字"2"表示应收预付性质的科目，2302应付账款、2305其他应付款等科目的第二位数字"3"表示应付预收性质的科目；第三位、第四位数（第三段）表示科目的序号。各类会计科目之间的序号不连续，目的是预留适当的空号，以便增添新的会计科目。

二、记账方法

记账方法是指运用一定的记账符号、记账规则，编制会计分录和登记账簿的方法。

记账方法主要包含借贷记账法、资金收付记账法两种，下面重点介绍借贷记账法。借贷记账法是以"借""贷"作为记账符号、记录会计要素增减变动情况的一种复式记账方法。

（一）借贷记账法的特点

1.记账符号

在经济业务引起资金变化的账户中，以"借"和"贷"作为记账符号，并以方向相反、金额相等的方式进行复式记账。值得指出的是，"借"和"贷"是会计中的专用术语，代表的只是记账的一种符号，并没有文字本身所表示的意思。

2.账户设置

通常把账户分为左、右两方，分别反映经济业务的增加和减少，其中，左方为借方，右方为贷方。为了适应管理要求和简化核算工作的需要，还可以设置既具有资产性质，又具有负债性质的双重账户。

例如，"应收账款"账户为资产类账户，"预收账款"账户为负债类账户，如果企业预收账款业务不多，可将二者合并在"应收账款"账户中，这时，"应收账款"账户就是一个具有双重性质的账户。双重账户的总账余额没有经济意义，既不表示资产数，又不表示负债数。反映资产和负债实有数额的资料，只能从双重账户的各明细分类账户中分析获得。

（二）记账符号和账户结构

借贷记账法以"借""贷"作为记账符号，所有账户分为"借方"和"贷方"，用来反映各会计要素的增减变动。"借方"在账户的左方，"贷方"在账户的右方。

资产类账户和负债类账户由于登记的事项不同，账户余额的方向也不同。资产类账户的期初余额在借方，与资产负债表中排列的方向一致；本期增加的，记在借方，即与余额相同的方向；本期减少的，记在贷方，即与余额相反的方向；期末余额在借方。负债类账户的期初余额在贷方，与资产负债表中排列的方向一致；本期增加的，记在贷方，即与余额相同的方向；本期减少的，记在借方，即与余额相反的方向；期末余额在贷方。

在实际工作中，还使用具有双重性质的账户，即兼有资产类和负债类性质的账户，通常用于结算往来业务，如在不设"预收账款"账户条件下的"应收账款"账户。对这类账户来说，应收款项增加记在借方，应收款项减少记在贷方；预收款项增加记在贷方，预收款项减少记在借方；期末根据账户余额所在的方向确定其所反映的经济内容。期末余额如在借方，就是应收款项；期末余额如在贷方，就是预收款项。

（三）记账规则

运用"借贷记账法"登记经济业务，首先要根据经济业务的内容，确定其涉及哪些资产类或负债类项目，这些项目是增加的，还是减少的；再确定经济业务应记入哪些账户，记入这些账户的是借方，还是贷方。在事业单位所发生的各种经济业务中，引起资产和负债增减变动的有四种类型，因此借贷记账法的记账有以下四种情况：

（1）对于资产增加、资产减少的业务，分别记入资产类账户借方和资产类账户贷方。

（2）对于负债增加、负债减少的业务，分别记入负债类账户贷方和负债类账户借方。

（3）对于资产和负债同时增加的业务，分别记入资产类账户借方和负债类账户贷方。

（4）对于资产和负债同时减少的业务，分别记入资产类账户贷方和负债类账户借方。

因此，借贷记账法的记账规则可概括为"有借必有贷，借贷必相等"。在借贷记账法中，"借"表示资产和支出类账户的增加以及负债、净资产和收入类账户的减少或转销；"贷"表示资产和支出类账户的减少或转销以及负债、净资产和收入类账户的增加。在确定了借贷方向和会计科目后，在两个或两个以上会计科目登记同一笔经济业务的金额。

（四）试算平衡

1.试算平衡公式

由于每笔会计分录中的借、贷方金额相等，因此在登录相关账户后，全部账户的本期借方发生额的合计数与本期贷方发生额的合计数必定相等。依此类推，全部账户的期末借方余额合计数与期末贷方余额合计数也相等。我们可以把以上内容概括成三个等式，表明试算平衡的关系：

（1）会计分录试算平衡公式

$$借方账户金额 = 贷方账户金额$$

（2）发生额试算平衡公式

全部账户的本期借方发生额合计数 ＝ 全部账户的本期贷方发生额合计数

（3）余额试算平衡公式

全部账户的期末借方余额合计数 ＝ 全部账户的期末贷方余额合计数

2.试算平衡表

在会计实务中，一般在月末通过编制试算平衡表，检查试算平衡。如果试算平衡表的本期发生额和本期余额栏的借贷方金额不相等，则表示账户的记录或计算有错误。如果试算平衡表的本期发生额和本期余额栏的借贷方金额相等，并不能得出账户记录或计算正确的结论。例如，将分录中的借贷方金额由 20 000 写成 2 000，虽然数字有错误，但由于分录中的借贷方金额仍然相等，因而试算仍然是平衡的；再如，如果分录中的数字没有错误，但借贷的方向弄错了，也是不能通过试算平衡来发现问题的。

借贷记账法是一种复式记账法，与其他复式记账法相比，具有明显的优点：

（1）记账规则单一，一项业务有借必有贷，没有同方向的记录，账户对应关系清楚，能够鲜明地表现资金运动的来龙去脉。

（2）账户不要求固定分类，可以使用资产类和负债类双重性质的账户，账户设置的适应性强，使用也很方便。

（3）账户试算平衡通过借贷平衡来实现，因而使用的记账凭证简单、清晰，对账务记录的汇总和检查十分简便。目前，这种记账方法已在我国各个行业中普遍推行。

第二节 事业单位会计凭证和账簿

一、会计凭证

会计凭证是记录经济业务、明确经济责任，并据以登记账簿的书面证明。会计凭证分为原始凭证和记账凭证。

（一）原始凭证

原始凭证又称"单据"，是在经济业务发生或完成时取得的，用以证明经济业务已经发生或完成。原始凭证是会计核算的原始资料，是编制记账凭证的依据。

1.原始凭证的分类

原始凭证的分类方法较多，具体分类如下：

（1）按取得来源进行分类

原始凭证按取得来源，可分为自制原始凭证和外来原始凭证。自制原始凭证是当本单位内部发生经济业务时，由本单位内部经办业务的单位或个人填制的凭证，如仓库保管人员填制的入库单、领料部门填制的领料单、出差人员填制的差旅费报销单等。外来原始凭证是与外单位发生经济业务时，从外单位取得的凭证，如购货时取得的发票，出差人员报销的车票、飞机票、住宿费收据等。

（2）按填制手续及内容进行分类

原始凭证按填制手续，可分为一次凭证、累计凭证和汇总凭证。

一次凭证是指填制手续一次完成，一次记录一项或若干项经济业务的原始凭证。一次凭证是一次有效的凭证，已填制的凭证不能重复使用。外来的原始凭证都是一次凭证，自制原始凭证中的收料单、发货票、银行结算凭证等都是一次凭证。

累计凭证是在一定时期内，在一张凭证上连续多次记录重复发生的同类经济业务的原始凭证，随时计算累计数及结余数，以便按计划或限额进行控制，制造业的限额领料单是典型的累计凭证。

汇总凭证是将一定时期内记录同类经济业务的若干张原始凭证汇总起来编制的原始凭证，如工资结算汇总表、收货汇总表、发出材料汇总表等。

（3）按所起作用进行分类

原始凭证按所起作用，可分为通知凭证、执行凭证和计算凭证。

通知凭证是对某项经济业务具有通知或者指示作用的凭证。对于这类凭证的管理，不能与其他原始凭证一样，因为其不能证明经济业务已经完成，如物资订货单、扣款通知等。

执行凭证是某项经济业务执行后填制的原始凭证，可以证明经济业务已经完成，如入库单、出库单、各种收据等。

计算凭证是某项经济业务完成后填制的原始凭证，可以证明经济业务已经完成，但该凭证上的数字是按照一定的方法计算后形成的，如工资结算汇总表、辅助生产费用分配表、制造费用分配表等。

（4）按经济业务进行分类

事业单位的原始凭证按经济业务可分为以下类别：

①支出凭证

支出凭证包括直接用以报销经费的购货发票、领料单、工资单、差旅费报销单等。支出凭证是各单位核算实际支出数的依据。从外单位取得的支出凭证，必须盖有填制单位的公章。自制支出凭证必须有经办单位负责人或指定负责人的签名或盖章，并注明支出的用途和理由。其中，付出款项的凭证要有收款单位和收款人的收款证明，购买实物的凭证要有本单位验收入库的签章。对于一些经常性的支出，如差旅费等，应填制统一格式的报销单，并附上相关原始凭证。对于一些原始凭证较多的支出项目，如会议费、体育竞赛费等，可填制"支出报销凭证汇总单"，并附上相关的原始凭证。

②收款凭证

当单位收到各种收入款项时，都要开给对方收款收据。收款收据是开给交款单位或交款人的书面证明，是单位核算各项收入的依据。收款收据一式三联，第一联为入账依据；第二联为给交款单位或交款人的收据；第三联为存根，定期缴销，不得撕下。收款收据要加盖收款单位公章和经手人印章。各单位对各种收款收据，要指定专人负责收发、保管和登记。收款收据要逐页、按编号顺序使用，如因填写错误需要作废，应全份保存注销，加盖"作废"戳记，不得撕毁。收据用完后的全部存根应妥善保存，以备查考。在原则上，各种专用收据由主管部门统一印发，并按规定使用。

③往来结算凭证

往来结算凭证包括暂付款、暂存款等结算凭证，是单位各项往来款项结算的书面证明。在支付暂付款时，应由借款人出具借据（借款凭证），写明用途，由借款人签章，并由单位负责人或授权人审批签章。在收回借款时，对于使用三联借据的，应退还副联代替收据；对于不使用三联借据的，应另开收据。对于某些特定项目的暂存款，如医院预收病人的住院费等，应使用专用的结算凭证；对于一般性的暂存款，可使用通用的收款收据。

④银行结算凭证

如果事业单位通过银行办理转账结算，其结算凭证由开户银行统一印制。事业单位在使用时应填制空白收费凭证请购单，并加盖预留银行印鉴。经开户银行核准登记后，交付空白银行结算凭证。常用的银行结算凭证包括现金支票、转账支票、电汇凭证、汇票申请书和进账单等。

⑤缴拨款凭证

缴拨款凭证是单位同主管部门或财政机关发生收入上缴或退回、经费拨入或交还情况的书面证明。对于应缴国家的各种预算收入，由单位填具"国库缴款书"上缴国库；对于应由主管部门集中缴库的，由单位上缴后通过银行汇解；对于误缴国库的款项，由收入机关填制"收入退还书"退库归还。"国库缴款书"和"收入退还书"由财政部门统一制定。上级单位在对所属会计单位办理各种预算拨款时，应填具银行印制的"付款委托书"或"信汇委托书"，通知银行转账；本单位如缴回经费拨款，则应填具"付款委托书"或"信汇委托书"，通过银行，将款项从单位存款账户转出。

⑥财产物资收付凭证

财产物资收付凭证是指固定资产、材料等购进、发出的书面证明。对于固定资产的调入、调出，应填制"固定资产调拨单"；对于材料的购进，应填制"收料单"，办理入库手续；对于材料的发出，应填制"发料单"，办理出库手续；对于材料发出业务较多的单位，可按期汇总编制"发生材料汇总表"，以便进行材料核算。

2.原始凭证的填制和审核

（1）自制原始凭证

对于不真实、不合法、不合理的自制原始凭证，会计人员有权拒绝接受，不办理会计核算手续；对于问题严重的，应及时向单位负责人报告；对于填写不符合要求的自制原始凭证，如手续不完整、项目有遗漏、数字计算不准确、文字说明不完整的，则应当予以退回，要求填写人按照规定进行更正、补充。如果自制原始凭证出现差错，也要退回凭证出具部门或经手人重开或者更正。如果是原始凭证更正，要在更正处加盖更正者的印章，以明确责任；如果原始凭证金额有错误，应当由出具或者经手人重开，不得在原始凭证上更正。

职工报销凭证具有以下严格的签字要求：

①按规定应该签字的人员必须全部签字，签字必须签全称，不得只签姓氏。

②签字人签署姓名后，还应当签署签字的日期。

③领导签字应当明确表明是否同意报销。

④为便于装订，如果签字在凭证的正面，应签在右上方；如果签字在凭证的反面，应签在左上方。

⑤有多张凭证需要签字时，要一张一张地签写，不能用复写纸签写。

根据财政部《会计基础工作规范》（2019年修订版）第48条的规定，职工公出借款凭据必须附在记账凭证之后。当收回借款时，应当另开收据或者退还借据副本，不得退还原借款收据。

（2）外来原始凭证

根据《中华人民共和国会计法》（2017年修订版）第14条的规定，有问题的外来原始凭证应做如下处理：

①对于不真实、不合法的原始凭证，有权不予接受，并向单位负责人报告。

②对于记载不准确、不完整的原始凭证，予以退回，并要求填写人按照国家统一的会计制度规定进行更正、补充。

③如果原始凭证有错误，应当由出具单位重开或者更正，在更正处应当加盖出具单位印章。

④如果原始凭证金额有错误，应当由出具单位重开，不得在原始凭证上更正。

根据财政部《会计基础工作规范》（2019年修订版）第55条的规定，从外单位取得的原始凭证如有遗失，应当取得原开出单位盖有公章的证明，并注明原来凭证的号码、金额和内容等，由经办单位会计机构负责人、会计主管人员和单位领导人批准后，才能代作原始凭证。对于确实无法取得证明的，如火车票、轮船票、飞机票等，则由当事人写明详细情况，由经办单位会计机构负责人、会计主管人员和单位领导人批准后，代作原始凭证。

根据财政部《会计基础工作规范》（2019年修订版）第48条的规定，如果发生销货退回，除填制退货发票外，还必须有退货验收证明；在退款时，必须取得对方的收款收据或者汇款银行的凭证，不得以退货发票代替收据。

根据财政部《会计基础工作规范》（2019年修订版）第48条的规定，经上级有关部门批准的经济业务，应当将批准文件作为原始凭证附件。如果批准文件需要单独归档，应当在凭证上注明批准机关名称、日期和文件字号。

（二）记账凭证

记账凭证是根据审核无误的原始凭证，按照账务核算要求，分类整理后编制的会计凭证，是确定会计分录、登记账簿报表的依据。

1.记账凭证的种类

（1）通用记账凭证

通用记账凭证是不分收款、付款、转账业务，统一使用一种格式的记账凭证。对于记账凭证核算程序和科目汇总表核算程序，都应选用通用记账凭证。

（2）专用记账凭证

专用记账凭证是按照经济业务的性质，选择使用的记账凭证，通常有收款凭证、付款凭证及转账凭证。对于现金出纳和银行出纳由不同的人担任的单位来说，收款凭证和付款凭证可进一步细分为现金收款凭证、银行收款凭证、现金付款凭证和银行付款凭证。

2.记账凭证的编制与审核

记账凭证一般根据每项经济业务的原始凭证编制。对于当天发生的同类会计事项，可以合并编制。对于不同会计事项的原始凭证，不得合并编制成一张记账凭证，也不得把几天的会计事项加在一起编制成一张记账凭证。

记账凭证必须附有原始凭证。如果一张原始凭证涉及几张记账凭证，可以把原始凭证附在一张主要的记账凭证后面，在其他记账凭证上注明附有原始凭证的记账凭证的编号。对于结账和更正错误的记账凭证以及总预算会计预拨经费转列支出，可以不附原始凭证，但必须经主管人员签字。

记账凭证必须根据审核无误的原始凭证编制，其各项内容必须填列齐全，各种签名和盖章都不可或缺。对于总账科目下的明细科目，如需列入记账凭证，可将明细科目的名称和金额同时列在"明细科目名称"栏内，明细科目的金额不能填列在记账凭证的"金额"栏内。填制记账凭证的字迹必须清晰、工整，不得潦草。记账凭证由指定人员复核。记账凭证按照制单的顺序每月编号，月终，连同每个记账凭证后附有的原始凭证装订成册，并加盖有关人员的印章及公章，妥善保管。

3.汇总记账凭证

对于经济业务较多的单位，可以把每天的记账凭证汇总编制成总账科目汇总表，作为登记总账的依据。总账科目汇总表是一种汇总记账凭证，汇总记账凭证的流程如下：

（1）根据一定时期内记账凭证中的会计分录、对每一笔总账科目的借方和贷方，分别计算出发生额合计数，填入总账科目汇总表内。

（2）计算出全部科目的借方和贷方的本期发生额总计数，如果借方和贷方总计金额相等，一般说明记账凭证发生额的汇总没有错误。

（3）核对无误以后，可根据每一科目的借方和贷方本期发生额的合计数，登记总账科目，并在"总账页数"栏注明，以备查考。

4.记账凭证的保管

记账凭证应按照填制顺序按月连续编号。月终，将记账凭证连同所附的原始凭证装订成册，加上封面，并在左上角装订处粘贴封签，由会计人员加盖骑缝印章，妥善保管。对于不便与记账凭证一起装订的原始凭证，可以抽出单独保管，但应在有关记账凭证上注明抽出原始凭证的名称和数量，并由保管人盖章，抽出的原始凭证年终随有关记账凭证一同归档。记账凭证的封面和封底是用来装订记账凭证时使用的一种会计档案的整理保管凭证，记账凭证封面应注明单位名称、年份、月份、起止日期、凭证各类、起止号码、册数等，记账凭证封底应注明凭证抽出附件登记。

二、会计账簿

会计账簿是以会计凭证为依据，由具有一定格式、互相联系的账页组成，用来序时、分类地记录和反映各项经济业务的会计簿记。设置和登记账簿是会计核算的中心环节。

（一）会计账簿的分类与设置

1.按用途对账簿进行分类

账簿按其用途，可以分为日记账、分类账和备查簿。

（1）日记账

日记账又称序时账，是按照经济业务发生时间的先后顺序进行登记的账簿。目前，事业单位仅设置现金日记账和银行存款日记账两种反映特定经济业务的特种日记账，而不设置反映全部经济业务的普通日记账。

①现金日记账

现金日记账是核算现金收付结存情况的账簿，又称现金出纳账，通常为三栏式，并设"对方会计科目名称"专栏。现金日记账由出纳人员根据现金收付的原始凭证，按照业务发生的先后顺序，逐笔登记。

②银行存款日记账

银行存款日记账是核算银行存款收付结存情况的账簿，通常采用三栏式。银行存款日记账由出纳人员根据银行存款收付的原始凭证，按业务发生的先后顺序逐笔登记，并定期与银行对账单进行核对。

（2）分类账

分类账是对全部经济业务按照总分类账户和明细分类账户，进行分类核算和登记的账簿，分为总分类账和明细分类账。

①总分类账

总分类账简称总账，是指按总分类账户开设账页的会计簿籍。总账是反映资产、负债、净资产、收入和支出会计要素的总括情况，平衡账务，控制和核对各种明细账以及编制预算会计报表的主要依据。

②明细分类账

明细分类账简称明细账，是根据总分类科目设置，按所属二级科目或明细科目开设账户，用以分类登记某一类经济业务、提供比较详细的核算资料的账簿。明细分类账可以提供经济活动和财务收支的详细情况，有利于加强财产物资的管理，监督往来款项的结算，也为编制会计报表提供必要的资料。

因此，各单位在设置总分类账的基础上，要根据经营管理的实际需要，按照一级科目设置必要的明细分类账。明细账根据记账凭证以及原始凭证或原始凭证汇总表进行登记。事业单位通常设置反映具体开支项目的明细账。支出明细账的格式一般采用多栏式，按预算支出的"目"级科目设置账户，按主管部门或财政部门规定的"节"级科目设置专栏。

各单位对事业支出、经营支出、专项资金支出、专用基金支出，应按开支用途设置账户，分别设置明细账。收入明细账是反映具体收入项目的明细账，其格式一般采用多栏式，按主要收入项目或收入单位设置账户，按具体收入项目设置专栏。各单位应按主要收入项目设置账户，设置相应的收入明细账。

缴拨款项明细账是反映财政机关与主管单位、主管单位与二级单位及基层单位之间预算资金的拨入、拨出和专项资金的上缴、下拨情况的明细账。缴拨款项明细账的格式通常采用三栏式。有下属分公司的单位，一般应设置拨出经费和拨出专项款明细账，并按所属单位名称设置账户；也可只设总账，不设明细账。上级单位对于下级单位上缴的资金和下拨的支出，应设置相应的明细账，按下级单位名称设置账户。下级单位对于上缴上级的收入和上级下拨的资金，只设总账，不设明细账。

往来款项明细账是用来反映债权、债务结算情况的明细账。各单位一般应对暂存款、暂付款、合同预收款、合同预付款、借入款和借出款等分别设置往来款项明细账，按往来单位或个人的名称设置账户。往来款项明细账的格式采用三栏式或多栏式。固定资产明细账是具体核算各种固定资产增减变化和结存情况的明细账。各单位一般按照固定资产的类别和名称分设账户。固定资产明细账的格式一般采用数量金额三栏式，根据原始凭证逐笔登记。库存材料明细账是具体核算各种材料收、发和结存情况的明细账。各单位一般按照材料的类别和品名分设账户，库存材料明细账的格式一般采用数量金额三栏式，根据原始凭证逐笔登记。

（3）备查簿

备查簿是对某些在日记账和分类账等主要账簿中未记录或记录不全的经济业务进行补充登记的账簿，是一种辅助性账簿，它可以为经营管理者提供必要的参考资料，如应收票据备查簿、租入固定资产备查簿等。备查簿没有固定格式，与其他账簿之间不存在钩稽关系。

2.按外表形式对账簿进行分类

（1）订本式账簿

订本式账簿简称订本账，订本账是在启用前就已经按顺序编号并固定装订成册的账簿，现金日记账、银行存款日记账和总分类账一般采用这种形式。其优点是可以防止账页散失或抽换账页；其缺点是账页在固定后，不能确定各账户应该预留多少账页，不便于会计人员分工记账。

（2）活页式账簿

活页式账簿简称活页账，活页账是在启用前和使用过程中把账页置于活页账夹内，随时可以取放账页的账簿。活页式账簿适用于一般明细分类账，其优点是可以根据实际需要灵活使用，便于分工记账；其缺点是账面容易散失和被抽换。为了克服这个缺点，在使用活页账时，必须按账页顺序编号，期末装订成册，加编目录，并由相关人员盖章后保存。

（3）卡片式账簿

卡片式账簿简称卡片账，卡片账是由许多具有账页格式的硬纸卡片组成、存放在卡片箱中的一种账簿。卡片账大多用于固定资产、存货等实物资产的明细分类核算。其优缺点与活页账基本相同，使用卡片账一般不需要每年更换。

（二）会计账簿的使用

会计账簿是政府与非营利组织经济业务的具体记录，因此对会计账簿的使用也有严格的要求。除财政总预算会计中按放款期限设置的财政周转金放款明细账可以跨年度使用之外，其他会计账簿的使用以每一会计年度为限。对于账簿的启用，应该填写"经管人员一览表"和"账簿目录"，并将其附于账簿扉页。

登记会计账簿必须及时准确、日清月结，文字和数字的书写必须清晰、整洁。对于手工记账，不得使用铅笔、圆珠笔，必须使用蓝、黑墨水笔，其中红色墨水只能用于登记收入负数、画线、改错、冲账。

会计账簿必须按照编定的页数连续记载，不得跳行、隔页。如因工作疏忽出现跳行、隔页的情况，应当将空行、空白页画线注销，并由记账人员签字盖章。

会计账簿应根据经审核的会计凭证登记。在记账时，将记账凭证的编号记入账簿内；在记账后，在记账凭证上用"√"予以标明，表示已入账。会计账簿如填写错误，不得随意更改，应当按照规定的方法采用画线更正法、红字冲正法或补充登记法进行更正。各种账簿记录应该按月结账，计算出本期发生额和期末余额。

（三）会计账簿的更正方法

由于记账人员的疏忽或其他原因，会计账簿很有可能出现填写错误的现象。在这种情况下，不得采用挖补、涂抹、刮擦或使用修正液等方法来弥补、改正，必须按照规定的方法更正。

1.画线更正法

画线更正法是在错误的文字或数字正中横画一条红线表示注销，然后将正确的文字或数字用蓝字写在画线文字或数字的上面，并在更正处加盖记账人员的图章。这种方法适合在结账前发现账簿记录的文字或数字有错误，而记账凭证本身没有错误的情况。

2.红字更正法

红字更正法适用于以下两种情况：

一种情况是记账凭证中的应借、应贷科目或金额有错误，致使账簿记录错误，可用红字更正法予以更正。具体做法是：先用红字填制一张与原错误记账凭证内容完全相同的记账凭证，以冲销原有的错误记录，然后再用蓝字填制一张正确的记账凭证。

另一种情况是记账凭证和账簿中所记金额大于应记金额，而应借、应贷的会计科目无误，也可用红字更正法予以更正。具体做法是：对于多记的金额，用红字填制一张与原记账凭证完全相同的凭证，以冲销多记的金额。

3.补充登记法

记账后，如果发现记账凭证和账簿中所记的金额小于应记金额，而应借、应贷的会计科目并无错误，可用补充登记法。具体做法是：将少记的金额用蓝字填制一张记账凭证，予以补充登记入账。

（四）会计账簿的更换与保管

账簿更换是指在会计年度末，将本年度旧账更换为下年度新账的做法。更换新账的方法是：在年终结账时，将需要更换的各账户的年末余额直接转入新启用的有关账户中，不需要编制记账凭证。在更换新账时，要注明各账户的年份，然后在第一行日期栏内写明"1月1日"，在摘要栏注明"上年结转"，把账户余额写入"余额"栏内，在此基础上登记新年度的会计事项。账簿在更换新账后除跨年度使用的账簿外，其他账簿应按时整理并归入会计档案保管。

第三节 事业单位会计报表

一、事业单位会计报告的组成

根据政府会计基本准则的要求，各单位应当编制决算报告和财务报告。因此，单位会计报告应由决算报告和财务报告组成。

决算报告是综合反映单位年度预算收支执行结果的文件。其目标是向决算报告使用者提供与单位预算执行情况有关的信息，综合反映单位预算收支的年度执行结果，有助于决算报告使用者对单位预算执行情况进行监督和管理，并为编制后续年度预算计划提供参考和依据。决算报告应当包括决算报表和其他应当在决算报告中反映的信息与资料。决算报告使用者包括各级人民代表大会及其常务委员会、各级政府及其有关部门、政府会计主体自身、社会公众和其他利益相关者。

财务报告是反映单位某一特定日期的财务状况和某一会计期间的运行情况与现金流量等信息的文件。其目标是向财务报告使用者提供与单位的财务状况、运行情况（含运行成本，下同）和现金流量等有关信息，反映单位公共受托责任履行情况，有助于财务报告使用者作出决策或对单位财务状况进行监督和管理。财务报告应当包括财务报表和其他应当在财务报告中披露的信息与资料。财务报告使用者包括各级人民代表大会及其常务委员会、债权人、各级政府及其有关部门、政府会计主体自身和其他利益相关者。

二、事业单位会计报表的分类与编制要求

（一）事业单位会计报表分类

事业单位会计报表按照性质，可以分为财务报表和预算会计报表。其中，财务报表是对单位财务状况、运行情况和现金流量等信息的结构性表述，包括会计报表和附注。预算会计报表是对单位预算收入、预算支出和预算结余情况等信息的表述。

事业单位会计报表按照内容，可以分为资产负债表、收入费用表、净资产变动表、现金流量表、预算收入支出表、预算结转结余变动表和财政拨款预算收入支出表。

事业单位会计报表按照编报时间，可以分为月度报表和年度报表。月度报表简称月报，是指按照月度编制的会计报表；年度报表简称年报，是指按照年度编制的会计报表。事业单位会计报表按照编报层次，可以分为本单位报表和合并报表。本单位报表是反映各预算部门财务状况、运行情况和现金流量，以及预算执行情况和资金活动情况的报表。

合并报表是各主管部门对本单位和所属单位的报表进行汇总后编制的报表。按照预算级次，基层会计单位只编制本级会计报表；二级会计单位和主管会计单位在编制本级报表的基础上，再编制合并报表。

（二）单位会计报表编制要求

单位应当按照下列规定，编制财务报表和预算会计报表：

（1）财务报表的编制主要以权责发生制为基础，以单位财务会计核算生成的数据为准；预算会计报表的编制主要以收付实现制为基础，以单位预算会计核算生成的

数据为准。

（2）财务报表由会计报表及其附注构成。会计报表一般包括资产负债表、收入费用表和净资产变动表。单位可根据实际情况，自行选择编制现金流量表。

（3）预算会计报表至少包括预算收入支出表、预算结转结余变动表和财政拨款预算收入支出表。

（4）单位应当按照年度编制财务报表和预算会计报表。

（5）单位应当根据制度规定编制真实、完整的财务报表和预算会计报表，不得违反制度规定随意改变财务报表和预算会计报表的编制基础、编制依据、编制原则和方法，不得随意改变制度规定的财务报表和预算会计报表有关数据的会计口径。

（6）财务报表和预算会计报表应当根据登记完整、核对无误的账簿记录和其他有关资料编制，做到数字真实、计算准确、内容完整、编报及时。

（7）财务报表和预算会计报表应当由单位负责人和主管会计工作的负责人、会计机构负责人（会计主管人员）签字并盖章。

三、事业单位会计报表编制前的准备工作

由于新的"政府会计制度"要求单位会计期间至少分为月度和年度，而且资产负债表和收入费用表的编制期主要包括月度和年度，因此会计报表编制前的准备工作分为月度报表编制前的准备工作和年度报表编制前的准备工作。

（一）月度报表编制前的准备工作

月度报表编制前的准备工作主要是指期末结转，单位在编制月度财务报表前，应对财务会计的收入和费用类账户进行期末结转。期末结转是指期末将财务会计收入类科目和费用类科目的本期发生额分别转入本期盈余，编制结转分录。在结转时，借记收入类科目，贷记"本期盈余"科目；借记"本期盈余"科目，贷记费用类科目。

（二）年度报表编制前的准备工作

年度终了，单位要将日常的会计核算资料归集汇总，为编制年度决算和财务报告做好前期准备工作。准备工作的重要环节就是做好年终清理和结账。

1.年终清理

在年度终了前，单位应当根据财政部门或主管部门的决算编审工作要求，对各项预算收支账目、往来款项、货币资金和财产物资进行全面的清理结算，并在此基础上办理年度结账，编报决算。

（1）清理核对年度预算资金的预算收支和各项缴拨款项

在年度终了前，单位对财政部门、上级单位和所属单位之间的全部预算数（包括追加、追减和上下划拨数）以及应上缴、下拨的款项等，都应按规定逐笔进行清理和结算，保证上下级之间的年度预算数，领拨经费数和上缴、下拨数一致，真实、准确地反映预算资金的实际情况，为编制年度决算报告做准备。为了准确反映各项预算收支数额，凡属本年度的应拨、应缴款项，应在12月31日之前汇达对方。对于实行分级管理、分级核算的单位，对所属二级单位的拨款应截至12月25日，逾期一般不再下拨。对于实行国库集中支付的单位，应将财政预算数与财政实际下达数进行核对，应按预算数确认本年度的预算收入。

（2）清理核对各项预算收支款项

在年终结账之前，凡属本年度的各项预算收入，均应及时入账。本年度的各项应缴款项，要在年度终了前全部上缴。凡属本年度的各项支出，都应按规定的用途和使用范围，如实列报。单位的年终决算，一律以截至12月31日的实际预算收支为准。

（3）清理结算往来账项

为了真实、准确、合理地反映单位财产的实有数，在年终结账之前，应清理各种往来账项，并结清各种往来账项。对于应收的款项，要如数收回并入账；对于应付的款项，要如数偿付并入账；对于按规定应转作各项预算收入的账项或应转作各项支出的账项，要及时转入有关账户。其目的是将这些预算收支编入本年决算之中。

总之，要对各种债权债务关系及时清理并进行款项结算。如果有清理不完的往来账项，应分析其具体原因，并在决算报告中予以说明。

（4）清理核对货币资产

在年度终了前，单位要与开户银行核对账目。银行存款账面余额要与银行对账单核对相符，库存现金账面余额要与库存现金实际数核对相符。

（5）清理盘点财产物资单位

在年终结账之前，单位应对各项财产物资进行实地盘点清查，如发现盘盈、盘亏的情况，应及时查明原因，按规定进行会计处理，并及时调整账面记录，做到账实相符、账账相符，使年终决算报告能够真实地反映该单位的财产物资情况。

2.年终结账

单位在年终清理的基础上进行年终结账。年终结账包括年终转账、结清旧账和记入新账。

（1）年终转账

年终转账主要是财务会计在期末转账的基础上对相应净资产科目的进一步结转，以及预算会计预算收支科目的年终转账。账目核对无误后，首先计算出各账户借方或贷方的 12 月份合计数和全年累计数，结出 12 月末的余额，再将应对冲结转的各预算收支账户的余额按年终转账办法，填制 12 月 31 日的记账凭单办理结账冲转。

（2）结清旧账

将转账后无余额的账户结出全年总累计数，然后在下面画双红线，表示本账户全部结清。对年终有余额的账户，在"全年累计数"下行的"摘要"栏内注明"结转下年"字样，再在下面画双红线，表示年终余额转入新账，旧账结束。

（3）记入新账

根据本年度各账户余额，编制年终决算的"资产负债表"和有关明细表，将表列各账户的年终余额数（不编制记账凭单），直接记入下年度相应的各有关账户，并在"摘要"栏注明"上年结转"字样，以区别下年度的发生数。

四、资产负债表编制说明

（一）编制总述

资产负债表反映事业单位在某一特定日期全部资产、负债和净资产的情况。该表"年初余额"栏内各项数字应当根据上年年末资产负债表"期末余额"栏内数字填列。如果本年度资产负债表规定的项目的名称和内容与上年度不一致，应当对上年年末资产负债表项目的名称和数字按照本年度的规定进行调整，将调整后的数字填入该表"年初余额"栏内。如果本年度事业单位发生了因前期差错更正、会计政策变更等而调整以前年度盈余的事项，还应当对"年初余额"栏中有关项目的金额进行相应调整。该表中"资产总计"项目期末（年初）余额应当与"负债和净资产总计"项目期末（年初）余额相等。

（二）资产负债表"期末余额"栏各项目的内容和填列方法

1.资产类项目

（1）"货币资金"项目

"货币资金"项目反映事业单位期末库存现金、银行存款、零余额账户用款额度、其他货币资金的合计数，应当根据"库存现金""银行存款""零余额账户用款额度""其他货币资金"科目的期末余额的合计数填列；若事业单位存在通过"库存现金""银行存款"科目核算的受托代理资产，还应当按照合计数扣减"库存现金""银行存款"科目下"受托代理资产"明细科目的期末余额后的金额填列。

（2）"短期投资"项目

"短期投资"项目反映事业单位期末持有的短期投资成本，应当根据"短期投资"科目的期末余额填列。

（3）"财政应返还额度"项目

"财政应返还额度"项目反映事业单位期末财政应返还额度的金额，应当根据"财政应返还额度"科目的期末余额填列。

（4）"应收票据"项目

"应收票据"项目反映事业单位期末持有的应收票据的票面金额，应当根据"应收票据"科目的期末余额填列。

（5）"应收账款"项目

"应收账款"项目反映事业单位期末尚未收回的应收账款余额。

（6）"预付账款"项目

"预付账款"项目反映事业单位期末预付给商品或者劳务供应单位的款项，应当根据"预付账款"科目的期末余额填列。

（7）"应收股利"项目

"应收股利"项目反映事业单位期末因股权投资而应收取的现金股利或应当分得的利润，应当根据"应收股利"科目的期末余额填列。

（8）"应收利息"项目

"应收利息"项目反映事业单位期末因债券投资等而应收取的利息，事业单位购入的到期一次还本付息的长期债券投资持有期间应收的利息不包括在该项目内。该项目应当根据"应收利息"科目的期末余额填列。

（9）"其他应收款净额"项目

"其他应收款净额"项目反映事业单位期末尚未收回的其他应收款减去已计提的坏账准备后的净额，应当根据"其他应收款净额"科目的期末余额减去"坏账准备"科目中对其他应收款计提的坏账准备的期末余额后的金额填列。

（10）"存货"项目

"存货"项目反映事业单位期末存储的存货的实际成本，应当根据"在途物品""库存物品""加工物品"科目的期末余额的合计数填列。

（11）"待摊费用"项目

"待摊费用"项目反映事业单位期末已经支出，但应当由本期和以后各期负担的分摊期在科目的期末余额填列。

（12）"一年内到期的非流动资产"项目

"一年内到期的非流动资产"项目反映事业单位期末非流动资产项目中将在一年内（含一年）到期的金额，如事业单位将在一年内（含一年）到期的长期债券投资金额。该项目应当根据"长期债券投资"等科目的明细科目的期末余额分析填列。

（13）"其他流动资产"项目

"其他流动资产"项目反映事业单位期末除本表中上述各项之外的其他流动资产的合计金额，应当根据有关科目期末余额的合计数填列。

（14）"流动资产合计"项目

"流动资产合计"项目反映事业单位期末流动资产的合计数，应当根据本表中"货币资金""短期投资""财政应返还额度""应收票据""应收账款净额""预付账款""应收股利""应收利息""其他应收款净额""存货""待摊费用""一年内到期的非流动资产""其他流动资产"项目金额的合计数填列。

（15）"长期股权投资"项目

"长期股权投资"项目反映事业单位期末持有的长期股权投资的账面余额，应当根据"长期股权投资"科目的期末余额填列。

（16）"长期债券投资"项目

"长期债券投资"项目反映事业单位期末持有的长期债券投资的账面余额，应当根据"长期债券投资"科目的期末余额减去其中将于一年内（含一年）到期的长期债券投资余额后的金额填列。

（17）"固定资产原值"项目

"固定资产原值"项目反映事业单位期末固定资产的原值，应当根据"固定资产"科目的期末余额填列。

其中，"固定资产累计折旧"项目反映事业单位期末固定资产已计提的累计折旧金额，应当根据"固定资产累计折旧"科目的期末余额填列。"固定资产净值"项目反映事业单位期末固定资产的账面价值，应当根据"固定资产"科目期末余额减去"固定资产累计折旧"科目期末余额后的金额填列。

（18）"工程物资"项目

"工程物资"项目反映事业单位期末为在建工程准备的各种物资的实际成本，应当根据"工程物资"科目的期末余额填列。

（19）"在建工程"项目

"在建工程"项目反映事业单位期末所有的建设项目工程的实际成本，应当根据"在建工程"科目的期末余额填列。

（20）"无形资产原值"项目

"无形资产原值"项目反映事业单位期末无形资产的原值，应当根据"无形资产"科目的期末余额填列。其中，"无形资产累计摊销"项目反映事业单位期末无形资产已计提的累计摊销金额，应当根据"无形资产累计摊销"科目的期末余额填列。"无形资产净值"项目反映事业单位期末无形资产的账面价值，应当根据"无形资产"科目期末余额减去"无形资产累计摊销"科目期末余额后的金额填列。

（21）"研发支出"项目

"研发支出"项目反映事业单位期末正在进行的无形资产开发项目开发阶段发生的累计支出数，应当根据"研发支出"科目的期末余额填列。

（22）"公共基础设施原值"项目

"公共基础设施原值"项目反映事业单位期末控制的公共基础设施的原值，应当根据"公共基础设施"科目的期末余额填列。其中，"公共基础设施累计折旧（摊销）"项目反映事业单位期末控制的公共基础设施已计提的累计折旧和累计摊销金额，应当根据"公共基础设施累计折旧（摊销）"科目的期末余额填列。"公共基础设施净值"项目反映事业单位期末控制的公共基础设施的账面价值，应当根据"公共基础设施"科目期末余额减去"公共基础设施累计折旧（摊销）"科目期末余额后的金额填列。

（23）"政府储备物资"项目

"政府储备物资"项目反映事业单位期末控制的政府储备物资的实际成本，应当根据"政府储备物资"科目的期末余额填列。

（24）"文物文化资产"项目

"文物文化资产"项目反映事业单位期末控制的文物文化资产的成本，应当根据"文物文化资产"科目的期末余额填列。

（25）"保障性住房原值"项目

"保障性住房原值"项目反映事业单位期末控制的保障性住房的原值，应当根据"保障性住房"科目的期末余额填列。其中，"保障性住房累计折旧"项目反映事业单位期末控制的保障性住房已计提的累计折旧金额，应当根据"保障性住房累计折旧"科目的期末余额填列。"保障性住房净值"项目反映事业单位期末控制的保障性住房的账面价值，应当根据"保障性住房"科目期末余额减去"保障性住房累计折旧"科目期末余额后的金额填列。

（26）"长期待摊费用"项目

"长期待摊费用"项目反映事业单位期末已经支出，但应由本期和以后各期负担的，分摊期限在一年以上（不含一年）的各项费用。该项目应当根据"长期待摊费用"科目的期末余额填列。

（27）"待处理财产损溢"项目

"待处理财产损溢"项目反映事业单位期末尚未处理完毕的各种资产的净损失或净溢余，应当根据"待处理财产损溢"科目的期末借方余额填列，如"待处理财产损溢"科目期末为贷方余额，以"－"号填列。

（28）"其他非流动资产"项目

"其他非流动资产"项目反映事业单位期末除本表中上述各项之外的其他非流动资产的合计数，应当根据有关科目的期末余额合计数填列。

（29）"非流动资产合计"项目

"非流动资产合计"项目反映事业单位期末非流动资产的合计数，应当根据本表中"长期股权投资""长期债券投资""固定资产净值""工程物资""在建工程""无形资产净值""研发支出""公共基础设施净值""政府储备物资""文物文化资产""保障性住房净值""长期待摊费用""待处理财产损溢""其他非流动资产"项目金额的合计数填列。

（30）"受托代理资产"项目

"受托代理资产"项目反映事业单位期末受托代理资产的价值，应当根据"受托代理资产"科目的期末余额与"库存现金""银行存款"科目下"受托代理资产"明细科目的期末余额的合计数填列。

（31）"资产总计"项目

"资产总计"项目反映事业单位期末资产的合计数，应当根据本表中"流动资产合计""非流动资产合计""受托代理资产"项目金额的合计数填列。

2.负债类项目

（1）"短期借款"项目

"短期借款"项目反映事业单位期末短期借款的余额，应当根据"短期借款"科目的期末余额填列。

（2）"应缴增值税"项目

"应缴增值税"项目反映事业单位期末应缴而未缴的增值税税额，应当根据"应缴增值税"科目的期末余额填列，如果"应缴增值税"科目期末为借方余额，以"-"号填列。

（3）"其他应缴税费"项目

"其他应缴税费"项目反映事业单位期末应缴而未缴的除增值税以外的税费金额，应当根据"其他应缴税费"科目的期末余额填列，如果"其他应缴税费"科目期末为借方余额，以"-"号填列。

（4）"应缴财政款"项目

"应缴财政款"项目反映事业单位期末应当上缴财政但尚未缴纳的款项，应当根据"应缴财政款"科目的期末余额填列。

（5）"应付职工薪酬"项目

"应付职工薪酬"项目反映事业单位期末按有关规定应付给职工的各种薪酬，应当根据"应付职工薪酬"科目的期末余额填列。

（6）"应付票据"项目

"应付票据"项目反映事业单位期末应付票据的金额，应当根据"应付票据"科目的期末余额填列。

（7）"应付账款"项目

"应付账款"项目反映事业单位期末应当支付但尚未支付的、偿还期限在一年以内

（含一年）的应付账款的金额，应当根据"应付账款"科目的期末余额填列。

（8）"应付政府补贴款"项目

"应付政府补贴款"项目反映负责发放政府补贴的事业单位在期末按照规定应当支付给政府补贴接受者的各种政府补贴款余额，应当根据"应付政府补贴款"科目的期末余额填列。

（9）"应付利息"项目

"应付利息"项目反映事业单位期末按照合同约定应支付的借款利息，事业单位到期一次还本付息的长期借款利息不包括在本项目内。该项目应当根据"应付利息"科目的期末余额填列。

（10）"预收账款"项目

"预收账款"项目反映事业单位期末预先收取但尚未确认收入和实际结算的款项余额，应当根据"预收账款"科目的期末余额填列。

（11）"其他应付款"项目

"其他应付款"项目反映事业单位期末其他各项偿还期限在一年内（含一年）的应付及暂收款项余额，应当根据"其他应付款"科目的期末余额填列。

（12）"预提费用"项目

"预提费用"项目反映事业单位期末已预先提取的已经发生但尚未支付的各项费用，应当根据"预提费用"科目的期末余额填列。

（13）"一年内到期的非流动负债"项目

"一年内到期的非流动负债"项目反映事业单位期末将于一年内（含一年）偿还的非流动负债的余额，应当根据"长期应付款""长期借款"等科目的期末余额分析填列。

（14）"其他流动负债"项目

"其他流动负债"项目反映事业单位期末除本表中上述各项之外的其他流动负债的合计数，应当根据有关科目的期末余额的合计数填列。

（15）"流动负债合计"项目

"流动负债合计"项目反映事业单位期末流动负债的合计数，应当根据本表"短期借款""应缴增值税""其他应缴税费""应缴财政款""应付职工薪酬""应付票据""应付账款""应付政府补贴款""应付利息""预收账款""其他应付款""预提费用""一年内到期的非流动负债""其他流动负债"项目金额的合计数填列。

（16）"长期借款"项目

"长期借款"项目反映事业单位期末长期借款的余额，应当根据"长期借款"科目的期末余额减去其中将于一年内（含一年）到期的长期借款余额后的金额填列。

（17）"长期应付款"项目

"长期应付款"项目反映事业单位期末长期应付款的余额，应当根据"长期应付款"科目的期末余额减去其中将于一年内（含一年）到期的长期应付款余额后的金额填列。

（18）"预计负债"项目

"预计负债"项目反映事业单位期末已确认但尚未偿付的预计负债的余额，应当根据"预计负债"科目的期末余额填列。

（19）"其他非流动负债"项目

"其他非流动负债"项目反映事业单位期末除本表中上述各项之外的其他非流动负债的合计数，应当根据有关科目的期末余额合计数填列。

（20）"非流动负债合计"项目

"非流动负债合计"项目反映事业单位期末非流动负债合计数，应当根据本表中"长期借款""长期应付款""预计负债""其他非流动负债"项目金额的合计数填列。

（21）"受托代理负债"项目

"受托代理负债"项目反映事业单位期末受托代理负债的金额，应当根据"受托代理负债"科目的期末余额填列。

（22）"负债合计"项目

"负债合计"项目反映事业单位期末负债的合计数，应当根据本表中"流动负债合计""非流动负债合计""受托代理负债"项目金额的合计数填列。

3.净资产类项目

（1）"累计盈余"项目

"累计盈余"项目反映事业单位期末未分配盈余（或未弥补亏损）以及无偿调拨净资产变动的累计数，应当根据"累计盈余"科目的期末余额填列。

（2）"专用基金"项目

"专用基金"项目反映事业单位期末累计提取或设置的但尚未使用的专用基金余额，应当根据"专用基金"科目的期末余额填列。

（3）"权益法调整"项目

"权益法调整"项目反映事业单位期末在被投资单位除净损益和利润分配以外的所

有者权益变动中累积享有的份额，应当根据"权益法调整"科目的期末余额填列，如"权益法调整"科目期末为借方余额，以"-"号填列。

（4）"无偿调拨净资产"项目

"无偿调拨净资产"项目反映事业单位本年度截至报告期期末无偿调入的非现金资产价值扣减无偿调出的非现金资产价值后的净值。该项目仅在月度报表中列示，在年度报表中不列示。在月度报表中，本项目应当根据"无偿调拨净资产"科目的期末余额填列，如果"无偿调拨净资产"科目期末为借方余额时，以"-"号填列。

（5）"本期盈余"项目

"本期盈余"项目反映事业单位本年度截至报告期期末实现的累计盈余或亏损。该项目仅在月度报表中列示，在年度报表中不列示。在月度报表中，本项目应当根据"本期盈余"科目的期末余额填列，如果"本期盈余"科目期末为借方余额时，以"-"号填列。

（6）"净资产合计"项目

"净资产合计"项目反映事业单位期末净资产合计数，应当根据本表中"累计盈余""专用基金""权益法调整""无偿调拨净资产（月度报表）""本期盈余（月度报表）"项目金额的合计数填列。

（7）"负债和净资产总计"项目

"负债和净资产总计"项目应当按照本表中"负债合计""净资产合计"项目金额的合计数填列。

五、收入费用表编制说明

（一）编制总述

收入费用表反映的是事业单位在某一会计期间发生的收入、费用及当期盈余情况。该表"本月数"栏反映各项目的本月实际发生数。在编制年度收入费用表时，应当将本栏改为"本年数"，反映本年度各项目的实际发生数。该表"本年累计数"栏反映各项目自年初至报告期期末的累计实际发生数。在编制年度收入费用表时，应当将本栏改为"上年数"，反映上年度各项目的实际发生数；"上年数"栏应当根据上年年度收入费用表中"本年数"栏内所列数字填列。如果本年度收入费用表规定的项目的名称和内容与上年度不一致，应当对上年度收入费用表项目的名称和数字按照本年度的规定进行调整，将调整后的金额填入本年度收入费用表中的"上年数"栏内。如果本年度事业单位发生了因前期差错更正、会计政策变更等调整以前年度盈余的事项，还应当对年度收入费用表中"上年数"栏中的有关项目金额进行相应调整。

（二）收入费用表中"本月数"栏各项目的内容和填列方法

1.本期收入

"本期收入"项目反映事业单位本期收入总额。本项目应当根据该表中"财政拨款收入""事业收入""上级补助收入""附属单位上缴收入""经营收入""非同级财政拨款收入""投资收益""捐赠收入""利息收入""租金收入""其他收入"项目金额的合计数填列。

（1）"财政拨款收入"项目

"财政拨款收入"项目反映事业单位本期从同级政府财政部门取得的各类财政拨款，应当根据"财政拨款收入"科目的本期发生额填列。"政府性基金收入"项目反映事业单位本期取得的财政拨款收入中属于政府性基金预算拨款的金额。本项目应当根据"财政拨款收入"相关明细科目的本期发生额填列。

（2）"事业收入"项目

"事业收入"项目反映事业单位本期开展专业业务活动及其辅助活动实现的收入，应当根据"事业收入"科目的本期发生额填列。

（3）"上级补助收入"项目

"上级补助收入"项目反映事业单位本期从主管部门和上级单位收到或应收的非财政拨款收入，应当根据"上级补助收入"科目的本期发生额填列。

（4）"附属单位上缴收入"项目

"附属单位上缴收入"项目反映事业单位本期收到或应收的事业单位附属独立核算单位按照有关规定上缴的收入，应当根据"附属单位上缴收入"科目的本期发生额填列。

（5）"经营收入"项目

"经营收入"项目反映事业单位本期在专业业务活动及其辅助活动之外开展非独立核算经营活动实现的收入，应当根据"经营收入"科目的本期发生额填列。

（6）"非同级财政拨款收入"项目

"非同级财政拨款收入"项目反映事业单位本期从非同级政府财政部门取得的财政

拨款，不包括事业单位因开展科研或其他辅助活动从非同级财政部门取得的经费拨款。该项目应当根据"非同级财政拨款收入"科目的本期发生额填列。

（7）"投资收益"项目

"投资收益"项目反映事业单位本期股权投资和债券投资所实现的收益或发生的损失，应当根据"投资收益"科目的本期发生额填列，如为投资净损失，以"-"号填列。

（8）"捐赠收入"项目

"捐赠收入"项目反映事业单位本期接受捐赠取得的收入，应当根据"捐赠收入"科目的本期发生额填列。

（9）"利息收入"项目

"利息收入"项目反映事业单位本期取得的银行存款利息收入，应当根据"利息收入"科目的本期发生额填列。

（10）"租金收入"项目

"租金收入"项目反映事业单位本期经批准，利用国有资产出租取得并按规定纳入本单位预算管理的租金收入，应当根据"租金收入"科目的本期发生额填列。

（11）"其他收入"项目

"其他收入"项目反映事业单位本期取得的除以上收入项目外的其他收入的总额，应当根据"其他收入"科目的本期发生额填列。

2.本期费用

"本期费用"项目反映事业单位本期费用总额。本项目应当根据本表中"业务活动费用""单位管理费用""经营费用""资产处置费用""上缴上级费用""对附属单位补助费用""所得税费用"和"其他费用"项目金额的合计数填列。

（1）"业务活动费用"项目

"业务活动费用"项目反映事业单位本期为实现其职能目标，依法履职或开展专业业务活动及其辅助活动所发生的各项费用。该项目应当根据"业务活动费用"科目的本期发生额填列。

（2）"单位管理费用"项目

"单位管理费用"项目反映事业单位本期本级行政及后勤管理部门开展管理活动发生的各项费用以及由事业单位统一负担的离退休人员经费、工会经费、诉讼费、中介费等。该项目应当根据"单位管理费用"科目的本期发生额填列。

（3）"经营费用"项目

"经营费用"项目反映事业单位本期在专业业务活动及其辅助活动之外开展非独立核算经营活动发生的各项费用，应当根据"经营费用"科目的本期发生额填列。

（4）"资产处置费用"项目

"资产处置费用"项目反映事业单位本期经批准处置资产时转销的资产价值以及在处置过程中发生的相关费用或者处置收入小于处置费用形成的净支出，应当根据"资产处置费用"科目的本期发生额填列。

（5）"上缴上级费用"项目

"上缴上级费用"项目反映事业单位按照规定上缴上级单位款项发生的费用，应当根据"上缴上级费用"科目的本期发生额填列。

（6）"对附属单位补助费用"项目

"对附属单位补助费用"项目反映事业单位用财政拨款收入之外的收入对附属单位发放补助产生的费用，应当根据"对附属单位补助费用"科目的本期发生额填列。

（7）"所得税费用"项目

"所得税费用"项目反映有企业所得税缴纳义务的事业单位本期应缴纳的企业所得税，应当根据"所得税费用"科目的本期发生额填列。

（8）"其他费用"项目

"其他费用"项目反映事业单位本期发生的除以上费用以外的其他费用的总额，应当根据"其他费用"科目的本期发生额填列。

3.本期盈余

"本期盈余"项目反映事业单位本期收入扣除本期费用后的净额。本项目应当根据本表中"本期收入"项目金额减去"本期费用"项目金额后的金额填列，若相减后金额为负数，以"-"号填列。

六、净资产变动表编制说明

（一）编制总述

净资产变动表反映事业单位在某一会计年度内净资产项目的变动情况。该表"本年数"栏反映本年度各项目的实际变动数。该表"上年数"栏反映上年度各项目的实际变动数，应当根据上年度净资产变动表中"本年数"栏内所列数字填列。如果上年度净资产变动表规定的项目的名称和内容与本年度不一致，应对上年度净资产变动表项目的名称和数字按照本年度的规定进行调整，将调整后的金额填入本年度净资产变动表"上年数"栏内。

（二）净资产变动表中"本年数"栏各项目的内容和填列方法

1."上年年末余额"行

"上年年末余额"项目反映事业单位净资产各项目上年年末的余额。本行各项目应当根据"累计盈余""专用基金""权益法调整"科目上年年末的余额填列。

2."以前年度盈余调整"行

"以前年度盈余调整"项目反映事业单位本年度对以前年度盈余进行的调整。本行"累计盈余"项目应当根据本年度"以前年度盈余调整"科目转入"累计盈余"科目的金额填列；如调整减少累计盈余，以"－"号填列。

3."本年年初余额"行

"本年年初余额"项目反映经过对以前年度盈余的调整后，事业单位净资产各项目的本年年初余额。本行"累计盈余""专用基金""权益法调整"项目应当根据其各自在"上年年末余额"和"以前年度盈余调整"行对应项目金额的合计数填列。

4."本年变动金额"行

"本年变动金额"项目反映事业单位净资产各项目本年变动的总金额。本行"累计盈余""专用基金""权益法调整"项目应当根据其各自在"本年盈余""无偿调拨净资产""归集调整预算结转结余""提取或设置专用基金""使用专用基金""权益法调整"行对应项目金额的合计数填列。

5."本年盈余"行

"本年盈余"项目反映事业单位本年发生的收入、费用对净资产的影响。本行"累计盈余"项目应当根据年末由"本期盈余"科目转入"本年盈余分配"科目的金额填列；如转入时借记"本年盈余分配"科目，则以"－"号填列。

6."无偿调拨净资产"行

"无偿调拨净资产"项目反映事业单位本年无偿调入、调出非现金资产事项对净资产的影响。本行"累计盈余"项目应当根据年末由"无偿调拨净资产"科目转入"累计盈余"科目的金额填列；如转入时借记"累计盈余"科目，则以"－"号填列。

7."归集调整预算结转结余"行

"归集调整预算结转结余"项目反映事业单位本年财政拨款结转结余资金归集调入、归集上缴或调出以及非财政拨款结转资金缴回对净资产的影响。本行"累计盈余"项目应当根据"累计盈余"科目明细账记录分析填列；如归集调整减少预算结转结余，则以"－"号填列。

8."提取或设置专用基金"行

"提取或设置专用基金"项目反映事业单位本年提取或设置专用基金对净资产的影响。本行"累计盈余"项目应当根据"从预算结余中提取"行中"累计盈余"项目的金额填列。本行"专用基金"项目应当根据"从预算收入中提取""从预算结余中提取""设置的专用基金"行中"专用基金"项目金额的合计数填列。

"从预算收入中提取"行反映事业单位本年从预算收入中提取专用基金对净资产的影响。本行"专用基金"项目应当通过对"专用基金"科目明细账记录的分析，根据本年按有关规定从预算收入中提取基金的金额填列。"从预算结余中提取"行反映事业单位本年根据有关规定从本年度非财政拨款结余或经营结余中提取专用基金对净资产的影响。本行"累计盈余""专用基金"项目应当通过对"专用基金"科目明细账记录的分析，根据本年按有关规定从本年度非财政拨款结余或经营结余中提取专用基金的金额填列；本行"累计盈余"项目以"－"号填列。"设置的专用基金"行反映事业单位本年根据有关规定设置的其他专用基金对净资产的影响。本行"专用基金"项目应当通过对"专用基金"科目明细账记录的分析，根据本年按有关规定设置的其他专用基金的金额填列。

9."使用专用基金"行

该"使用专用基金"项目反映事业单位本年按规定使用专用基金对净资产的影响。本行"累计盈余""专用基金"项目应当通过对"专用基金"科目明细账记录的分析，根据本年按规定使用专用基金的金额填列；本行"专用基金"项目以"－"号填列。

10."权益法调整"行

"权益法调整"项目反映事业单位本年按照被投资单位除净损益和利润分配以外的所有者权益变动份额而调整长期股权投资账面余额对净资产的影响。本行"权益法调整"

项目应当根据"权益法调整"科目本年发生额填列；若本年净发生额为借方时，以"－"号填列。

11."本年年末余额"行

"本年年末余额"项目反映事业单位本年各净资产项目的年末余额。本行"累计盈余""专用基金""权益法调整"项目应当根据其各自在"本年年初余额""本年变动金额"行对应项目金额的合计数填列。

12."净资产合计"栏

"净资产合计"项目应当根据各项目所在行"累计盈余""专用基金""权益法调整"项目金额的合计数填列。

七、现金流量表编制说明

（一）编制总述

现金流量表反映事业单位在某一会计年度内现金流入和流出的信息。现金是指事业单位的库存现金以及其他可以随时用于支付的款项，包括库存现金、可以随时用于支付的银行存款、其他货币资金、零余额账户用款额度、财政应返还额度，以及通过财政直接支付方式支付的款项。现金流量表应当分别反映日常活动、投资活动、筹资活动的现金流量。现金流量是指现金的流入和流出。该表"本年金额"栏反映各项目的本年实际发生数。该表"上年金额"栏反映各项目的上年实际发生数，应当根据上年现金流量表中"本年金额"栏内所列数字填列。事业单位应当采用直接法编制现金流量表。

（二）现金流量表中"本年金额"栏各项目的填列方法

1.日常活动产生的现金流量

（1）"财政基本支出拨款收到的现金"项目

"财政基本支出拨款收到的现金"项目反映事业单位本年接受财政基本支出拨款取得的现金，应当根据"零余额账户用款额度""财政拨款收入""银行存款"等科目及其所属明细科目的记录分析填列。

（2）"财政非资本性项目拨款收到的现金"项目

"财政非资本性项目拨款收到的现金"项目反映事业单位本年接受除用于购建固定资产、无形资产、公共基础设施等资本性项目以外的财政项目拨款取得的现金，应当根据"银行存款""零余额账户用款额度""财政拨款收入"等科目及其所属明细科目的记录分析填列。

（3）"事业活动收到的除财政拨款以外的现金"项目

"事业活动收到的除财政拨款以外的现金"项目反映事业单位本年开展专业业务活动及其辅助活动取得的除财政拨款以外的现金，应当根据"库存现金""银行存款""其他货币资金""应收账款""应收票据""预收账款""事业收入"等科目及其所属明细科目的记录分析填列。

（4）"收到的其他与日常活动有关的现金"项目

"收到的其他与日常活动有关的现金"项目反映事业单位本年收到的除以上项目之外的与日常活动有关的现金，应当根据"库存现金""银行存款""其他货币资金""上级补助收入""附属单位上缴收入""经营收入""非同级财政拨款收入""捐赠收入""利息收入""租金收入""其他收入"等科目及其所属明细科目的记录分析填列。

（5）"日常活动的现金流入小计"项目

"日常活动的现金流入小计"项目反映事业单位在本年日常活动中产生的现金流入的合计数，应当根据现金流量表中"财政基本支出拨款收到的现金""财政非资本性项目拨款收到的现金""事业活动收到的除财政拨款以外的现金""收到的其他与日常活动有关的现金"项目金额的合计数填列。

（6）"购买商品、接受劳务支付的现金"项目

"购买商品、接受劳务支付的现金"项目反映事业单位本年在日常活动中用于购买商品、接受劳务支付的现金，应当根据"库存现金""银行存款""财政拨款收入""零余额账户用款额度""预付账款""在途物品""库存物品""应付账款""应付票据""业务活动费用""单位管理费用""经营费用"等科目及其所属明细科目的记录分析填列。

（7）"支付给职工以及为职工支付的现金"项目

"支付给职工以及为职工支付的现金"项目反映事业单位本年支付给职工以及为职工支付的现金，应当根据"库存现金""银行存款""零余额账户用款额度""财政拨款收入""应付职工薪酬""业务活动费用""单位管理费用""经营费用"等科目及其所属明细科目的记录分析填列。

（8）"支付的各项税费"项目

"支付的各项税费"项目反映事业单位本年用于缴纳日常活动相关税费而支付的现金，应当根据"库存现金""银行存款""零余额账户用款额度""应交增值税""其他应交税费""业务活动费用""单位管理费用""经营费用""所得税费用"等科目及其所属明细科目的记录分析填列。

（9）"支付的其他与日常活动有关的现金"项目

"支付的其他与日常活动有关的现金"项目反映事业单位本年支付的除上述项目之外与日常活动有关的现金，应当根据"库存现金""银行存款""零余额账户用款额度""财政拨款收入""其他应付款""业务活动费用""单位管理费用""经营费用""其他费用"等科目及其所属明细科目的记录分析填列。

（10）"日常活动的现金流出小计"项目

"日常活动的现金流出小计"项目反映事业单位本年在日常活动中产生的现金流出的合计数，应当根据现金流量表中"购买商品、接受劳务支付的现金""支付给职工以及为职工支付的现金""支付的各项税费""支付的其他与日常活动有关的现金"项目金额的合计数填列。

（11）"日常活动产生的现金流量净额"项目

"日常活动产生的现金流量净额"项目应当按照现金流量表中"日常活动的现金流入小计"项目金额减去"日常活动的现金流出小计"项目金额后的金额填列，如相减后金额为负数，以"－"号填列。

2.投资活动产生的现金流量

（1）"收回投资收到的现金"项目

"收回投资收到的现金"项目反映事业单位本年出售、转让或者收回投资收到的现金，应该根据"库存现金""银行存款""短期投资""长期股权投资""长期债券投资"等科目的记录分析填列。

（2）"取得投资收益收到的现金"项目

"取得投资收益收到的现金"项目反映事业单位本年因对外投资而收到的被投资单位分配的股利或利润以及因投资而取得的利息。本项目应当根据"库存现金""银行存款""应收股利""应收利息""投资收益"等科目的记录分析填列。

（3）"处置固定资产、无形资产、公共基础设施等收回的现金净额"项目

"处置固定资产、无形资产、公共基础设施等收回的现金净额"项目反映事业单位

本年处置固定资产、无形资产、公共基础设施等非流动资产所取得的现金，减去为处置这些资产而支付的有关费用之后的净额。由于自然灾害造成的固定资产等长期资产损失而收到的保险赔款收入，也在本项目反映。本项目应当根据"库存现金""银行存款""待处理财产损溢"等科目的记录分析填列。

（4）"收到的其他与投资活动有关的现金"项目

"收到的其他与投资活动有关的现金"项目反映事业单位本年收到的除上述项目之外与投资活动有关的现金，对于金额较大的现金流入，应当单列项目反映。本项目应当根据"库存现金""银行存款"等有关科目的记录分析填列。

（5）"投资活动的现金流入小计"项目

"投资活动的现金流入小计"项目反映事业单位本年投资活动产生的现金流入的合计数，应当根据现金流量表中"收回投资收到的现金""取得投资收益收到的现金""处置固定资产、无形资产、公共基础设施等收回的现金净额""收到的其他与投资活动有关的现金"项目金额的合计数填列。

（6）"购建固定资产、无形资产、公共基础设施等支付的现金"项目

"购建固定资产、无形资产、公共基础设施等支付的现金"项目反映事业单位本年购买和建造固定资产、无形资产、公共基础设施等非流动资产所支付的现金；融资租入固定资产支付的租赁费不在该项目内反映，在筹资活动的现金流量中反映。本项目应当根据"库存现金""银行存款""固定资产""工程物资""在建工程""无形资产""研发支出""公共基础设施""保障性住房"等科目的记录分析填列。

（7）"对外投资支付的现金"项目

"对外投资支付的现金"项目反映事业单位本年为取得短期投资、长期股权投资、长期债券投资而支付的现金，应当根据"库存现金""银行存款""短期投资""长期股权投资""长期债券投资"等科目的记录分析填列。

（8）"上缴处置固定资产、无形资产、公共基础设施等净收入支付的现金"项目

"上缴处置固定资产、无形资产、公共基础设施等净收入支付的现金"项目反映事业单位本年将处置固定资产、无形资产、公共基础设施等非流动资产所收回的现金净额上缴财政的总额。本项目应当根据"库存现金""银行存款""应缴财政款"等科目的记录分析填列。

（9）"支付的其他与投资活动有关的现金"项目

"支付的其他与投资活动有关的现金"项目反映事业单位本年支付的除上述项目之

外与投资活动有关的现金。对于金额较大的现金流出，应当单列项目反映。本项目应当根据"库存现金""银行存款"等有关科目的记录分析填列。

（10）"投资活动的现金流出小计"项目

"投资活动的现金流出小计"项目反映事业单位本年在投资活动中产生的现金流出的合计数，应当根据现金流量表中"购建固定资产、无形资产、公共基础设施等支付的现金""对外投资支付的现金""上缴处置固定资产、无形资产、公共基础设施等净收入支付的现金""支付的其他与投资活动有关的现金"项目金额的合计数填列。

（11）"投资活动产生的现金流量净额"项目

"投资活动产生的现金流量净额"项目应当按照现金流量表中"投资活动的现金流入小计"项目金额减去"投资活动的现金流出小计"项目金额后的金额填列，如相减后金额为负数，以"－"号填列。

3.筹资活动产生的现金流量

（1）"财政资本性项目拨款收到的现金"项目

"财政资本性项目拨款收到的现金"项目反映事业单位本年接受用于购建固定资产、无形资产、公共基础设施等资本性项目的财政项目拨款取得的现金。本项目应当根据"银行存款""零余额账户用款额度""财政拨款收入"等科目及其所属明细科目的记录分析填列。

（2）"取得借款收到的现金"项目

"取得借款收到的现金"项目反映事业单位本年举借短期、长期借款所收到的现金。本项目应当根据"库存现金""银行存款""短期借款""长期借款"等科目的记录分析填列。

（3）"收到的其他与筹资活动有关的现金"项目

"收到的其他与筹资活动有关的现金"项目反映事业单位本年收到的除上述项目之外与筹资活动有关的现金。对于金额较大的现金流入，应当单列项目反映。本项目应当根据"库存现金""银行存款"等有关科目的记录分析填列。

（4）"筹资活动的现金流入小计"项目

"筹资活动的现金流入小计"项目反映事业单位在本年筹资活动中产生的现金流入的合计数。本项目应当根据现金流量表中"财政资本性项目拨款收到的现金""取得借款收到的现金""收到的其他与筹资活动有关的现金"项目金额的合计数填列。

（5）"偿还借款支付的现金"项目

"偿还借款支付的现金"项目反映事业单位本年偿还借款所支付的现金。本项目应当根据"库存现金""银行存款""短期借款""长期借款"等科目的记录分析填列。

（6）"偿付利息支付的现金"项目

"偿付利息支付的现金"项目反映事业单位本年支付的借款利息等。本项目应当根据"库存现金""银行存款""应付利息""长期借款"等科目的记录分析填列。

（7）"支付的其他与筹资活动有关的现金"项目

"支付的其他与筹资活动有关的现金"项目反映事业单位本年支付的除上述项目之外与筹资活动有关的现金，如支付融资租入固定资产的租赁费。本项目应当根据"库存现金""银行存款""长期应付款"等科目的记录分析填列。

（8）"筹资活动的现金流出小计"项目

"筹资活动的现金流出小计"项目反映事业单位在本年筹资活动中产生的现金流出的合计数。本项目应当根据本表中"偿还借款支付的现金""偿付利息支付的现金""支付的其他与筹资活动有关的现金"项目金额的合计数填列。

（9）"筹资活动产生的现金流量净额"项目

"筹资活动产生的现金流量净额"项目应当按照本表中"筹资活动的现金流入小计"项目金额减去"筹资活动的现金流出小计"金额后的金额填列，如相减后金额为负数，以"－"号填列。

4."汇率变动对现金的影响额"项目

"汇率变动对现金的影响额"项目反映事业单位本年外币现金流量折算为人民币时，现金流量发生日的汇率折算的人民币金额与外币现金流量净额按期末汇率折算的人民币金额之间的差额。

5."现金净增加额"项目

"现金净增加额"项目反映事业单位本年现金变动的净额。本项目应当根据现金流量表中"日常活动产生的现金流量净额""投资活动产生的现金流量净额""筹资活动产生的现金流量净额"和"汇率变动对现金的影响额"项目金额的合计数填列，如为负数，以"－"号填列。

八、预算收入支出表编制说明

（一）编制总述

预算收入支出表反映事业单位在某一会计年度内各项预算收入、预算支出和预算收支差额的情况。该表"本年数"栏反映各项目的本年实际发生数，"上年数"栏反映各项目上年度的实际发生数，应当根据上年度预算收入支出表中"本年数"栏内所列数字填列。如果本年度预算收入支出表规定的项目的名称和内容与上年度不一致，应当对上年度预算收入支出表中项目的名称和数字按照本年度的规定进行调整，将调整后金额填入本年度预算收入支出表的"上年数"栏。

（二）预算收入支出表中"本年数"栏各项目的内容和填列方法

1.本年预算收入

"本年预算收入"项目反映事业单位本年预算收入总额。本项目应当根据预算收入支出表中"财政拨款预算收入""事业预算收入""上级补助预算收入""附属单位上缴预算收入""经营预算收入""债务预算收入""非同级财政拨款预算收入""投资预算收益""其他预算收入"项目金额的合计数填列。

（1）"财政拨款预算收入"项目

"财政拨款预算收入"项目反映事业单位本年从同级政府财政部门取得的各类财政拨款。本项目应当根据"财政拨款预算收入"科目的本年发生额填列。"政府性基金收入"项目反映事业单位本年取得的财政拨款收入中属于政府性基金预算拨款的金额。本项目应当根据"财政拨款预算收入"相关科目的本年发生额填列。

（2）"事业预算收入"项目

该"事业预算收入"项目反映事业单位本年开展专业业务活动及其辅助活动取得的预算收入。本项目应当根据"事业预算收入"科目的本年发生额填列。

（3）"上级补助预算收入"项目

"上级补助预算收入"项目反映事业单位本年从主管部门和上级单位取得的非财政补助预算收入。本项目应当根据"上级补助预算收入"科目的本年发生额填列。

（4）"附属单位上缴预算收入"项目

"附属单位上缴预算收入"项目反映事业单位本年收到的事业单位附属独立核算单

位按照有关规定上缴的预算收入。本项目应当根据"附属单位上缴预算收入"科目的本年发生额填列。

（5）"经营预算收入"项目

"经营预算收入"项目反映事业单位本年在专业业务活动及其辅助活动之外开展非独立核算经营活动取得的预算收入。本项目应当根据"经营预算收入"科目的本年发生额填列。

（6）"债务预算收入"项目

"债务预算收入"项目反映事业单位本年按照规定从金融机构等借入的、纳入部门预算管理的债务预算收入。本项目应当根据"债务预算收入"的本年发生额填列。

（7）"非同级财政拨款预算收入"项目

"非同级财政拨款预算收入"项目反映事业单位本年从非同级政府财政部门取得的财政拨款。本项目应当根据"非同级财政拨款预算收入"科目的本年发生额填列。

（8）"投资预算收益"项目

"投资预算收益"项目反映事业单位本年取得的按规定纳入单位预算管理的投资收益。本项目应当根据"投资预算收益"科目的本年发生额填列。

（9）"其他预算收入"项目

"其他预算收入"项目反映事业单位本年取得的除上述收入以外的、纳入单位预算管理的各项预算收入。本项目应当根据"其他预算收入"科目的本年发生额填列。

其中，"利息预算收入"项目反映事业单位本年取得的利息预算收入，应当根据"其他预算收入"科目的明细记录分析填列。对于事业单位单设"利息预算收入"科目的，应当根据"利息预算收入"科目的本年发生额填列。"捐赠预算收入"项目反映事业单位本年取得的捐赠预算收入，应当根据"其他预算收入"科目明细账记录分析填列。对于事业单位单设"捐赠预算收入"科目的，应当根据"捐赠预算收入"科目的本年发生额填列。"租金预算收入"项目反映事业单位本年取得的租金预算收入，应当根据"其他预算收入"科目明细账记录分析填列。对于事业单位单设"租金预算收入"科目的，应当根据"租金预算收入"科目的本年发生额填列。

2.本年预算支出

"本年预算支出"项目反映事业单位本年预算支出总额，本项目应当根据预算收入支出表中"行政支出""事业支出""经营支出""上缴上级支出""对附属单位补助支出""投资支出""债务还本支出"和"其他支出"项目金额的合计数填列。

（1）"行政支出"项目

"行政支出"项目反映事业单位本年履行职责实际发生的支出，应当根据"行政支出"科目的本年发生额填列。

（2）"事业支出"项目

"事业支出"项目反映事业单位本年开展专业业务活动及其辅助活动发生的支出，应当根据"事业支出"科目的本年发生额填列。

（3）"经营支出"项目

"经营支出"项目反映事业单位本年在专业业务活动及其辅助活动之外开展非独立核算经营活动发生的支出，该项目应当根据"经营支出"科目的本年发生额填列。

（4）"上缴上级支出"项目

"上缴上级支出"项目反映事业单位本年按照财政部门和主管部门的规定上缴上级单位的支出，应当根据"上缴上级支出"科目的本年发生额填列。

（5）"对附属单位补助支出"项目

"对附属单位补助支出"项目反映事业单位本年用财政拨款收入之外的收入对附属单位补助发生的支出，应当根据"对附属单位补助支出"科目的本年发生额填列。

（6）"投资支出"项目

"投资支出"项目反映事业单位本年用货币资金对外进行投资发生的支出，应当根据"投资支出"科目的本年发生额填列。

（7）"债务还本支出"项目

"债务还本支出"项目反映事业单位本年偿还自身承担的且纳入预算管理的、从金融机构举借的债务本金，应当根据"债务还本支出"科目的本年发生额填列。

（8）"其他支出"项目

"其他支出"项目反映事业单位本年除以上支出以外的各项支出，该项目应当根据"其他支出"科目的本年发生额填列。

其中，"利息支出"项目反映事业单位本年发生的利息支出，应当根据"其他支出"科目明细账记录分析填列。对于事业单位单设"利息支出"科目的，应当根据"利息支出"科目的本年发生额填列。"捐赠支出"项目反映事业单位本年发生的捐赠支出，应当根据"其他支出"科目明细账记录分析填列。对于事业单位单设"捐赠支出"科目的，应当根据"捐赠支出"科目的本年发生额填列。"本年预算收支差额"项目反映事业单位本年各项预算收支相抵后的差额，应当根据本表中"本期预算收入"项目金额减去"本期预算支出"项目金额后的金额填列,如相减后金额为负数,以"-"号填列。

九、预算结转结余变动表编制说明

(一)编制总述

预算结转结余变动表反映事业单位在某一会计年度内预算结转结余的变动情况。该表"本年数"栏反映各项目的本年实际发生数,"上年数"栏反映各项目的上年实际发生数,应当根据上年度预算结转结余变动表中"本年数"栏内所列数字填列。如果本年度预算结转结余变动表规定的项目的名称和内容与上年度不一致,应当对上年度预算结转结余变动表中项目的名称和数字按照本年度的规定进行调整,将调整后的金额填入本年度预算结转结余变动表的"上年数"栏。该表中"年末预算结转结余"项目金额等于"年初预算结转结余""年初余额调整""本年变动金额"项目的合计数。

(二)预算结转结余变动表中"本年数"栏各项目的内容和填列方法

1."年初预算结转结余"项目

"年初预算结转结余"项目反映事业单位本年预算结转结余的年初余额。本项目应当根据本项目下"财政拨款结转结余""其他资金结转结余"项目金额的合计数填列。

（1）"财政拨款结转结余"项目

"财政拨款结转结余"项目反映事业单位本年财政拨款结转结余资金的年初余额,应当根据"财政拨款结转""财政拨款结余"科目本年年初余额合计数填列。

（2）"其他资金结转结余"项目

"其他资金结转结余"项目反映事业单位本年其他资金结转结余的年初余额,应当根据"非财政拨款结转""非财政拨款结余""专用结余""经营结余"科目本年年初余额的合计数填列。

2."年初余额调整"项目

"年初余额调整"项目反映事业单位本年预算结转结余年初余额调整的金额。本项目应当根据本项目下"财政拨款结转结余""其他资金结转结余"项目金额的合计数填列。

（1）"财政拨款结转结余"项目

"财政拨款结转结余"项目反映事业单位本年财政拨款结转结余资金的年初余额调整金额，应当根据"财政拨款结转""财政拨款结余"科目下"年初余额调整"明细科目的本年发生额的合计数填列，如调整减少年初财政拨款结转结余，以"－"号填列。

（2）"其他资金结转结余"项目

"其他资金结转结余"项目反映事业单位本年其他资金结转结余的年初余额调整金额，应当根据"非财政拨款结转""非财政拨款结余"科目下"年初余额调整"明细科目的本年发生额的合计数填列，如调整减少年初其他资金结转结余，以"－"号填列。

3."本年变动金额"项目

"本年变动金额"项目反映事业单位本年预算结转结余变动的金额，应当根据该项目下"财政拨款结转结余""其他资金结转结余"项目金额的合计数填列。

（1）"财政拨款结转结余"项目

"财政拨款结转结余"项目反映事业单位本年财政拨款结转结余资金的变动，应当根据该项目下"本年收支差额""归集调入""归集上缴或调出"项目金额的合计数填列。

其中，"本年收支差额"项目反映事业单位本年财政拨款资金收支相抵后的差额，应当根据"财政拨款结转"科目下"本年收支结转"明细科目本年转入的预算收入与预算支出的差额填列，差额为负数的，以"－"号填列。"归集调入"项目反映事业单位本年按照规定从其他单位归集调入的财政拨款结转资金，应当根据"财政拨款结转"科目下"归集调入"明细科目的本年发生额填列。"归集上缴或调出"项目反映事业单位本年按照规定上缴的财政拨款结转结余资金及向其他单位调出的财政拨款结转资金，应当根据"财政拨款结转""财政拨款结余"科目下"归集上缴"明细科目以及"财政拨款结转"科目下"归集调出"明细科目的本年发生额的合计数填列，以"－"号填列。

（2）"其他资金结转结余"项目

"其他资金结转结余"项目反映事业单位本年其他资金结转结余的变动，应当根据该项目下"本年收支差额""缴回资金""使用专用结余""支付所得税"项目金额的合计数填列。

其中，"本年收支差额"项目反映事业单位本年除财政拨款外的其他资金收支相抵后的差额，应当根据"非财政拨款结转"科目下"本年收支结转"明细科目、"其他结余"科目、"经营结余"科目本年转入的预算收入与预算支出的差额的合计数填列，如为负数，以"－"号填列。"缴回资金"项目反映事业单位本年按照规定缴回的非财政拨款结转资金，应当根据"非财政拨款结转"科目下"缴回资金"明细科目本年发生额的合计数填列，以"-"号填列。"使用专用结余"项目反映本年事业单位根据规定使用从非财政拨款结余或经营结余中提取的专用基金的金额，应当根据"专用结余"科目明细账中本年使用专用结余业务的发生额填列，以"-"号填列。"支付所得税"项目反映有企业所得税缴纳义务的事业单位本年实际缴纳的企业所得税金额，应当根据"非财政拨款结余"明细账中本年实际缴纳企业所得税业务的发生额填列，以"-"号填列。

4. "年末预算结转结余"项目

"年末预算结转结余"项目反映事业单位本年预算结转结余的年末余额，应当根据该项目下"财政拨款结转结余""其他资金结转结余"项目金额的合计数填列。

（1）"财政拨款结转结余"项目

"财政拨款结转结余"项目反映事业单位本年财政拨款结转结余的年末余额，应当根据该项目下"财政拨款结转""财政拨款结余"项目金额的合计数填列。本项目下"财政拨款结转""财政拨款结余"项目应当分别根据"财政拨款结转""财政拨款结余"科目的本年年末余额填列。

（2）"其他资金结转结余"项目

"其他资金结转结余"项目反映事业单位本年其他资金结转结余的年末余额，应当根据本项目下"非财政拨款结转""非财政拨款结余""专用结余""经营结余"项目金额的合计数填列。该项目下"非财政拨款结转""非财政拨款结余""专用结余""经营结余"项目应当分别根据"非财政拨款结转""非财政拨款结余""专用结余""经营结余"科目的本年年末余额填列。

十、财政拨款预算收入支出表编制说明

（一）编制总述

财政拨款预算收入支出表反映事业单位本年财政拨款预算资金收入、支出及相关变动的具体情况。财政拨款预算收入支出表"项目"栏内各项目应当根据单位取得的财政拨款种类分项设置。其中，在"项目支出"项目下，应根据每个项目设置；对于事业单位取得除一般公共财政预算拨款和政府性基金预算拨款以外的其他财政拨款的，应当按照财政拨款种类增加相应的资金项目及其明细项目。

（二）财政拨款预算收入支出表各栏及其对应项目的内容和填列方法

1.**"年初财政拨款结转结余"栏中各项目**

"年初财政拨款结转结余"栏中各项目反映事业单位年初各项财政拨款结转结余的金额，其中各项目应当根据"财政拨款结转""财政拨款结余"及其明细科目的年初余额填列。本栏中各项目的数额应当与上年度财政拨款预算收入支出表中"年末财政拨款结转结余"栏中各项目的数额相等。

2.**"调整年初财政拨款结转结余"栏中各项目**

"调整年初财政拨款结转结余"栏中各项目反映事业单位对年初财政拨款结转结余的调整金额，其中各项目应当根据"财政拨款结转""财政拨款结余"科目下"年初余额调整"明细科目及其所属明细科目的本年发生额填列，如调整减少年初财政拨款结转结余，应以"-"号填列。

3.**"本年归集调入"栏中各项目**

"本年归集调入"栏中各项目反映事业单位本年按规定从其他单位调入的财政拨款结转资金金额，其中各项目应当根据"财政拨款结转"科目下"归集调入"明细科目及其所属明细科目的本年发生额填列。

4.**"本年归集上缴或调出"栏中各项目**

"本年归集上缴或调出"栏中各项目反映事业单位本年按规定实际上缴的财政拨款结转结余资金及向其他单位调出的财政拨款结转资金金额，其中各项目应当根据"财政拨款结转""财政拨款结余"科目下"归集上缴"科目和"财政拨款结转"科目下"归集调出"明细科目及其所属明细科目的本年发生额填列，应以"-"号填列。

5.**"单位内部调剂"栏中各项目**

"单位内部调剂"栏中各项目反映事业单位本年财政拨款结转结余资金在事业单位内部不同项目之间的调剂金额，其中各项目应当根据"财政拨款结转"和"财政拨款结余"科目下的"单位内部调剂"明细科目及其所属明细科目的本年发生额填列；对单位内部调剂减少的财政拨款结余金额，以"-"号填列。

6.**"本年财政拨款收入"栏中各项目**

"本年财政拨款收入"栏中各项目反映事业单位本年从同级财政部门取得的各类财政预算拨款金额，其中各项目应当根据"财政拨款预算收入"科目及其所属明细科目的本年发生额填列。

7."本年财政拨款支出"栏中各项目

"本年财政拨款支出"栏中各项目反映事业单位本年发生的财政拨款支出金额,其中各项目应当根据"行政支出""事业支出"等科目及其所属明细科目本年发生额中的财政拨款支出数的合计数填列。

8."年末财政拨款结转结余"栏中各项目

该"年末财政拨款结转结余"栏中各项目反映事业单位年末财政拨款结转结余的金额,其中各项目应当根据"财政拨款结转""财政拨款结余"科目及其所属明细科目的年末余额填列。

十一、附注

附注是对在会计报表中列示的项目所作的进一步说明以及对未能在会计报表中列示项目的说明,附注是财务报表的重要组成部分。凡对报表使用者的决策有重要影响的会计信息,无论本制度是否有明确规定,事业单位均应当充分披露。

附注主要包括下列内容:

(一)事业单位的基本情况

事业单位应当简要披露其基本情况,包括事业单位的主要职能、主要业务活动、所在地、预算管理关系等。

(二)会计报表编制基础

会计报表编制基础已在前文阐述,此处不再赘述。

(三)遵循政府会计准则、制度的声明

事业单位需要发出本单位遵循政府会计准则、制度的声明。

(四)重要会计政策和会计估计

事业单位应当采用与其业务特点相适应的具体会计政策,并充分披露报告期内采用

的重要会计政策和会计估计。其主要包括以下内容：

一是会计期间。

二是记账本位币，外币折算汇率。

三是坏账准备的计提方法。

四是存货类别、发出存货的计价方法、存货的盘存制度，以及低值易耗品和包装物的摊销方法。

五是长期股权投资的核算方法。

六是固定资产分类、折旧方法、折旧年限和年折旧率，融资租入固定资产的计价和折旧方法。

七是无形资产的计价方法，使用寿命有限的无形资产以及其使用寿命估计情况，使用寿命不确定的无形资产以及其使用寿命不确定的判断依据，事业单位内部研究开发项目划分研究阶段和开发阶段的具体标准。

八是公共基础设施的分类、折旧（摊销）方法、折旧（摊销）年限，以及其确定依据。

九是政府储备物资分类以及确定其发出成本所采用的方法。

十是保障性住房的分类、折旧方法、折旧年限。

十一是其他重要的会计政策和会计估计。

十二是本期发生重要会计政策和会计估计变更的，说明变更的内容和原因、受其重要影响的报表项目名称和金额、相关审批程序，以及会计估计变更开始适用的时间节点。

（五）会计报表重要项目说明

事业单位应当按照资产负债表和收入费用表项目的列示顺序，采用文字和数据描述相结合的方式，披露重要项目的明细信息。对于报表中重要项目的明细金额合计，应当与报表项目金额相衔接。

第三章 事业单位的资产核算

第一节 事业单位的资产概述

一、事业单位资产的概念

事业单位资产是指事业单位占有、使用的，依法确认为国家所有，能以货币计量的各种经济资源的总称，即事业单位的国有（公共）财产。事业单位的国有资产包括国家拨给事业单位的资产、事业单位按照国家规定运用国有资产组织收入形成的资产，以及接受捐赠和其他经法律确认为国家所有的资产，其表现形式为流动资产、固定资产、无形资产和对外投资等。

二、事业单位资产的分类

事业单位的资产按照其流动性可分为流动资产和非流动资产。流动资产是指预计在一年内（含一年）变现或者耗用的资产，非流动资产是指流动资产以外的资产。

（一）货币资产

货币资产是指事业单位可以在一年内变现或者耗用的货币性流动资产，包括库存现金、银行存款、零余额账户用款额度、财政应返还额度等。其中，库存现金是指存放在事业单位会计部门的、符合制度规定的、用于日常零星开支的现金。银行存款是指事业单位存入银行或者其他金融机构账户上的货币资金。零余额账户用款额度是指用于核算纳入财政国库单一账户制度改革的事业单位在财政授权支付业务下,单位零余额账户中的财政补助收入额度。财政应返还额度是指事业单位当年尚未使用的预算指标数,即指年度终了预算指标数与事业单位从财政和单位零余额账户中实际支用数之间的差额。

(二)短期投资

短期投资是指事业单位依法取得的、持有时间不超过一年(含一年)的投资,主要是国债投资。

(三)应收及预付款项

应收及预付款项是指事业单位在各项业务活动开展中,由于采用商业汇票结算方式以及因赊销、预付或其他原因形成的应向有关方面收取的款项,包括应收票据、应收账款、预付账款、财政返还额度和其他应收款等。应收票据是指单位在采用商业汇票结算方式时,因销售商品而收到的商业汇票。应收账款是指事业单位因开展经营活动、销售产品、提供有偿服务等,应向购货单位收取或接收劳务单位的款项。预付账款是指事业单位按购货、劳务合同规定,预先支付给供应单位的款项,属于事业单位的短期性债权。其他应收款是指事业单位除应收票据、应收账款、预付账款以外的其他各项应收及暂付款项,如职工预借的差旅费、拨付给内部有关部门的备用金、应向职工收取的各种垫付款项等。

(四)存货

存货是指事业单位在开展业务活动及其他活动中,为耗用而储存的各种材料、燃料、包装物、低值易耗品及达不到固定资产标准的用具、装具等各种资产。由于事业单位一般不直接从事物质资料生产,而是直接或间接地为上层建筑、生产建设和人民生活提供各种服务和劳务,所以事业单位的存货主要是指各种材料物资,即为了耗用而储备的资产。另外,对于那些进行简单产品生产和商品流通的单位,其存货则还应包括半成品、库存商品等。

(五)固定资产

固定资产是指事业单位持有的使用期限超过一年(不含一年),单位价值在规定的标准以上，并在使用过程中基本保持原有物质形态的资产。对于单位价值虽未达到规定标准，但使用期限超过一年（不含一年）的大批同类物资，应作为固定资产进行核算和管理。

（六）在建工程

在建工程是指事业单位已经发生必要支出，但尚未完工交付使用的各种建筑（包括新建、改建、扩建、修缮）和设备安装工程。

（七）无形资产

无形资产是指不具有实物形态而能为事业单位提供某种权利的资产，包括专利权、土地使用权、著作权、商标权等。

（八）长期投资

长期投资是指事业单位依法取得的、持有时间超过一年（不含一年）的股权和债权性质的投资。事业单位在遵守国家有关政策法规和不影响事业活动的前提下，可以利用货币资金、实物和无形资产等，向其他单位进行投资。

长期投资包括股权投资和债权投资。

三、事业单位资产的管理

（一）流动资产的管理

1.库存现金管理

事业单位在预算执行过程中所发生的现金收付业务是由出纳人员经管办理的，而现金的出纳工作具有很强的原则性，它是事业单位会计工作的重要组成部分。因此，出纳人员在经管现金时，应严格遵守国家的现金管理规定，正确、及时核算和监督现金收支及结存情况，保证现金的安全。

现金管理的要求如下：

（1）坚持钱账分管的原则

每个单位的现金收付业务都应设专职出纳人员办理（对于业务量小的单位，也应指定专人兼管现金出纳工作）。现金出纳人员不得兼管收入支出、债权债务的登记工作，不能兼任稽核和档案保管工作，实行"会计管账不管钱，出纳管钱不管账"的制度，这是各单位加强内部控制的重要措施。

（2）按国家对现金管理规定的范围支付现金

国务院颁布的《现金管理暂行条例》规定，开户单位可以在下列范围内使用现金：职工工资、津贴；个人劳务报酬；根据国家规定颁发给个人的科学技术、文化艺术、体育等各种奖金；各种劳保、福利费用以及国家规定的对个人的其他支出；向个人收购农副产品和其他物资的价款；出差人员必须随身携带的差旅费；结算起点以下的零星支出；中国人民银行确定需要支付现金的其他支出。钱款结算起点定为 1 000 元。结算起点的调整由中国人民银行确定，报国务院备案。对于开户单位之间的经济往来，除按本条例规定的范围可以使用现金外，应当通过开户银行进行转账结算。

（3）遵守库存现金限额的规定

开户银行应当根据实际需要，核定开户单位 3～5 天的日常零星开支所需的库存现金限额。对于边远地区和交通不便地区的开户单位的库存现金限额，可以多于 5 天，但不得超过 15 天的日常零星开支。经核定的库存现金限额，开户单位必须严格遵守；需要增加或者减少库存现金限额的，应当向开户银行提出申请，由开户银行核定。

（4）不得坐支现金收入

开户单位支付现金，可以从本单位库存现金限额中支付或者从开户银行提取，不得从本单位的现金收入中直接支付（即坐支）。因特殊情况需要坐支现金的，应事先报开户银行审查批准，由开户银行核定坐支范围和限额。坐支单位应当定期向开户银行报送坐支金额和使用情况。

（5）严密现金收付手续

出纳人员对现金的收付必须坚持按照会计人员审核签章后的现金收入凭证、支出凭证办理。收入现金应给交款人开出正式收据，并由交款人在存根联上签字证明。收据要加强保管，定期向发据单位缴销。付出现金要在付款的原始凭证上加盖"付讫"戳记。

（6）如实反映现金库存

现金收付要及时入账，每天核对库存，做到日清月结、账款相符，不得以借据或白条抵顶现金库存。

2.银行存款管理

对于事业单位的货币资金，除不超过库存现金限额的少量现金外，其余都必须存入开户银行，因此各单位应按规定在银行开立存款户。对于有外币的单位，应在中国银行开立外币"银行存款"账户；对于事业单位的基本建设资金，无论是拨入，还是自筹，应按规定在建设银行开立专户，单独核算，不能与单位的正常经费混淆。

银行存款的管理要求如下：

（1）加强开户管理

在实行国库集中收付制度后，事业单位对银行存款开户的要求更加严格。在办理银行存款开户时，事业单位应按银行规定填写"开户申请表"，经拨款的财政部门和上级主管部门审查同意后，连同盖有单位公章及名章的印鉴卡片，送开户银行办理开户手续。在银行办妥手续后，开户单位将确定的银行存款账号报上级主管部门或财政机关。各开户单位应加强对银行存款账户的管理。

（2）银行转账结算方式和结算纪律

《中国人民银行结算办法》规定，银行转账结算的方式主要有银行汇票、商业汇票、银行本票、支票、汇兑和委托收款等6种。事业单位通过银行存款户办理资金收付时，必须切实遵守银行规定的管理原则，严格遵守国家银行的各项结算制度和现金管理制度，接受银行的监督；银行账户只限本单位使用，不准出租、出借、套用或转让；各单位应当严格管理支票，不得签发"空头支票"；各单位应按月和开户银行对账，保证账账、账款相符，如有不符，要及时与银行查对清楚。

事业单位应当按开户银行或其他金融机构、存款种类及币种等，分别设置"银行存款日记账"，由出纳人员根据收付款凭证，按照业务的发生顺序逐笔登记，每日清算应结出余额。"银行存款日记账"应定期与"银行对账单"核对，至少每月核对一次。每月月底，事业单位银行存款账面余额与银行对账单余额之间如有差额，必须逐笔查明原因并进行处理，按月编制"银行存款余额调节表"，对银行存款进行调节。

事业单位实行国库集中收付核算后，"银行存款"科目核算内容改变为事业单位的自筹资金收入、前一年度结余和各项往来款项。财政部门在商业银行为事业预算单位开设零余额账户，简称预算单位零余额账户，一个基层预算单位开设一个预算单位零余额账户。事业单位使用财政资金，应当按照规定的程序和要求，向财政部门提出设立零余额账户申请，财政部门审核同意后，会以书面形式通知代理银行，为事业单位开设预算单位零余额账户。

3.零余额账户用款额度的管理

事业单位零余额账户用款额度用于财政授权支付和清算。该账户每日发生的支付，于当日营业结束前由代理银行在财政部门批准的用款额度内与国库单一账户清算；营业中单笔支付额满 5 000 万元人民币以上的（含 5 000 万元），应当及时与国库单一账户清算。零余额账户可以办理转账、提取现金等结算业务，可以向本单位按账户管理规定保留的相应账户划拨工会经费、住房公积金及提租补贴，以及经财政部门批准的特殊款项，不得违反规定向本单位其他账户和上级主管单位、所属下级单位账户划拨资金。

4.应收及预付款项的管理

应收及预付款项的管理要求主要如下：

（1）严格控制，及时结算

应收款项是待结算资金。为了避免国家资金的积压，保证国家资金的安全，各单位要严格控制应收款项，及时清理结算。各种暂付款项要按核定的预算或计划，按照规定的审批程序，在取得合法凭证、经过认真核算后支付；对于不合规定、超过预算或计划、超过需要的借款，会计人员应当在耐心解释、讲清道理后，拒付或少付。对于个人因公借款的，借款人应在规定日期内报销（按单位拟定的具体办法办理），余款应及时收回；如有需要应另行办理借款；对于前借款未清的，原则上不得办理第二次预借；对于少数长期无故拖欠借款不结者，可按规定由人事部门通知扣发工资。年终，除出差未归人员借支的差旅费和预付下年度设备款等可以隔年结算外，原则上其他借款应全部结清，不能跨年度挂账。

（2）为了加强结算资金管理，维护财经纪律，政府预算资金和其他资金等所有公款都不准用于职工借支。如果职工生活出现困难，而本人确实无力解决或在短时间内无力解决的，应当按照国家规定的困难补助标准和实际情况，经过批准，从职工福利费或福利补助金中拿出一部分资金，帮助职工解决困难。职工由于遭受意外灾害或家属病丧等特殊情况在生活上出现临时困难的，而本人的经济能力能够逐步解决的，为了解决一时的用款问题，可以从职工互助基金中临时借支，按计划在工资中扣还。各级领导要带头遵守财经纪律，模范执行各项规章制度，不得任意批准借用公款，更不能带头借用公款。如有发生以上拖欠和长期无故占用国家资金的情况，要同时追究批准人的责任。

（3）对于各项代管款项、暂存款，都要及时清理或归还，并向委托代管的单位及时办理结报手续。

（4）对于预付所属单位和采购员个人的备用金，既要考虑实际需要，又要压缩数额，定期结报。年终，备用金应全部结清收回，下年另行拨付或借用。

5.存货的管理

事业单位的存货主要是指各种材料物资，即为了耗用而储备的资产。存货有的是为了耗用而储备的，有的则是为销售而储备的。由于它们经常处于不断耗用、销售和重置的状态之中，具有很强的流动性，因此存货属于单位的流动资产。各事业单位采购存货，必须严格按照批准的采购计划办理，存货管理部门、会计部门要认真分析检查各类存货定额的执行情况和采购计划的执行情况。会计部门和存货管理部门要定期核对库存材料账目，做到账账相符。存货管理部门要定期核对存货库存数量，做到库存数量与登记数量相符。对于各事业单位的存货，除定期盘点外，年终时还要进行全面清查，以保证账实相符；在清理的过程中，如有盘盈或盘亏情况，应当查明原因；如果发生的存货盘亏属于人为损失，应分情况上报单位领导或上级部门审查处理。

（二）固定资产的管理

事业单位的固定资产是指能在较长时期内使用、消耗其价值，但能保持原有实物形态的设施和设备，如房屋、建筑物等。作为固定资产，应同时具备两个条件，即耐用年限在一年以上、单位价值在规定标准以上的财产和物资。

1.固定资产的范围标准

事业单位固定资产的确定标准有以下两种：

（1）一般标准

对于事业单位的固定资产，按现行制度规定，一般设备单位价值在 1 000 元以上、使用年限在一年以上的，属于固定资产核算的起点。单价虽不满 1 000 元，但耐用年限在一年以上的大量同类物资，也应作为固定资产进行核算管理。

（2）特殊标准

对于事业单位的专用设备，根据事业单位的具体情况，凡使用年限在一年以上、单位价值在 1 500 元以上的或低于 1 500 元的大量同类专用设备，应作为固定资产进行会计核算和管理。如果不具备以上两个条件、不属于固定资产的财产，就是低值易耗品，而低值易耗品则属于材料的核算范畴。将单位的财产划分为固定资产和低值易耗品，主要是为了加强对固定资产的管理，方便会计核算。固定资产的具体划分标准由各级主管部门根据本系统的具体情况，在上述规定范围内确定。

2.固定资产的分类

事业单位的固定资产一般可分为以下六类：

第一类是房屋和建筑物，包括办公用房、职工生活用房、仓库等。

第二类是专用设备，包括各种仪器和机械设备、医疗器械、交通运输工具、文体事业单位的文体设备等。

第三类是一般设备，包括被服装具、办公与事务用的家具设备、一般文体设备等。

第四类是文物和陈列品，包括博物馆、展览馆、陈列馆和文化馆等场所中的文物和陈列品。

第五类是图书，包括专业图书馆的图书和事业单位的技术图书等。

第六类是其他固定资产。

对于以上分类，各级主管部门可以根据本单位的具体情况进行适当变更，并具体规定各类固定资产目录，但分类和目录不宜过细、过繁，尽可能做到简明、适用。

3.固定资产折旧管理

为了规范事业单位固定资产的价值管理，根据事业单位财务管理的具体情况，对事业单位固定资产计提折旧。折旧是指在固定资产使用寿命内，按照确定的方法对应折旧金额进行系统分摊。

事业单位应当对除下列各项资产以外的其他固定资产计提折旧：

（1）文物和陈列品。

（2）图书、档案。

（3）以名义金额计量的固定资产。

固定资产管理的相关说明如下：

（1）事业单位应当根据固定资产的性质和实际使用情况，合理确定其折旧年限。如果省级以上财政部门、主管部门对事业单位固定资产折旧年限有规定的，应该遵守其规定。

（2）事业单位一般应当采用年限平均法或工作量法计提固定资产折旧。事业单位固定资产的应折旧金额为其成本，计提固定资产折旧不考虑预计净残值。

（3）事业单位一般应当按月计提固定资产折旧。对于当月增加的固定资产，当月不提折旧，从下月起计提折旧；对于当月减少的固定资产，当月照提折旧，从下月起不提折旧。固定资产提足折旧后，无论能否继续使用，均不再计提折旧；对于提前报废的固定资产,也不再补提折旧;对于已提足折旧的固定资产,可以继续使用的,应当继续使用,规范管理。

(4)当计提融资租入固定资产折旧时,应当采用与自有固定资产一致的折旧政策。对于能够合理确定租赁期届满时将会取得租入固定资产所有权的,应当在租入固定资产尚可使用年限内计提折旧;对于无法合理确定租赁期届满时能否取得租入固定资产所有权的,应当在租赁期与租入固定资产尚可使用年限两者中较短的期间内计提折旧。

(5)对于固定资产因改建、扩建或修缮等而延长其使用年限的,应当按照重新确定的固定资产的成本以及重新确定的折旧年限,重新计算折旧额。

4.固定资产的清查

对于事业单位的固定资产必须加强管理,建立机构或配备专职管理人员,负责固定资产的验收、领发、保管、调拨、登记、检查和维修等工作。各单位建造和购置固定资产,必须按照批准的计划和预算办理,属于基本建设范围的应按照基本建设程序办理;不属于基本建设范围的设备购置,应在批准的预算范围内办理;属于"专控商品"的,应按规定,专项报经批准后才能购置。在编制固定资产采购计划时,必须根据事业计划的需要,充分利用原有设备,防止盲目采购、造成积压和浪费。

事业单位固定资产的报废、报损都必须经过严格的审批手续,并按照下列原则办理:

第一,对于不能使用和修复的固定资产,由单位主管部门报经本单位主管领导批准后作报废注销,具体审批权限由单位主管部门规定。

第二,对于大型、精密贵重的设备、仪器的报废,应当经过有关部门鉴定,报主管部门或国有资产管理部门、财政部门批准,具体审批权限由财政部门会同国有资产管理部门规定。

第三,对于经批准报废和报损的固定资产,其变价收入留给单位,应转入修购基金,作为重置固定资产之用。

第四,对于撤并单位或以基建专款购置的固定资产,其变价收入应全部或部分上交主管部门或同级财政部门,具体办法由各级主管部门和财政部门规定。

对于各单位的固定资产,每年都必须清点一次,在清点时,以财产管理部门为主,由财务会计部门、资产使用部门和职工代表参加,清点结果要做成清查报告,报给单位负责人。固定资产如有缺损,要查明原因,属于自然灾害等特殊情况造成的,在总结经验教训后,可由单位负责人批准销账;属于过失的责任事故造成的,应当给予过失人以必要的经济、行政处罚,作损失或其他处理;属于违法的,应当依法严肃处理。对于清点多出来的固定资产，应补记入账。对于本单位用不到的固定资产，应及时研究处理，合理流动，防止积压。在进行固定资产清查前，必须核对固定资产账目，将全部账户登记入账，结出余额，做到账账相符。在进行固定资产清查时，还要进行账实核对，清查的具体方法一般有账实核对法、抄列实物清单法和卡实直接核对法。通过清查，对于盘盈、盘亏的固定资产，应编制"固定资产盘盈、盘亏报告表"，按规定的程序报经批准后，对于盘盈固定资产应增设固定资产卡片；对盘亏或减少的固定资产，应注销固定资产卡片，另行归档保存。

（三）无形资产的管理

无形资产是指不具有实物形态而能为事业单位提供某种权利的资产。它包括专利权、土地使用权、非专利技术、著作权、商标权和商誉等。

1.无形资产的特征

（1）没有实物形态。无形资产所代表的是某些特殊权利和优势，虽然没有实物形态，但能给使用者提供某些权利或收益，因此无形资产是单位的一项极具价值的经济资源。

（2）使用期限长。无形资产所具有的特权和优势一般可在较长的时期内存在，不会很快消逝，因此单位可以长期受益。从这点来看，它与单位固定资产所具有的服务潜力区别不大。也就是说，无形资产从根本上讲是一项长期的非流动资产。

（3）根据对无形资产入账核算的一般要求，会计核算中的无形资产必须有偿取得。

2.无形资产的内容

无形资产由于没有实物形态，因此单位必须根据各种无形资产的特点及来源，对发生相关支出是否应予本金化，进行鉴别或判断。

无形资产具体分为以下几种：

（1）专利权。它是指国家依法授予专利发明人，对其发明的成果在一定期限内享有制造、使用和出售等方面的专门权利。单位不应将所拥有的一切专利权都予以本金化，只有那些能够为单位带来较大经济利益、单位为此付出了较大代价的专利权，才能作为无形资产进行核算。

（2）商标权。它是指单位拥有的在某类指定的商品或产品上使用特定的名称或图案的权利。单位通过自创并经商标局核准注册登记后取得的商标权受法律保护。如果单位自创商标并将其注册登记，所花费用不大，就不必本金化；如果购买他人的商标一次性支出费用较大，应作为无形资产入账核算。

（3）非专利技术。它是指为发明人垄断的、不公开的、具有实用价值的先进技术，如资料、技能、知识等。非专利技术主要有商业（贸易）专有技术、管理专有技术等。

（4）土地使用权。它是指国家准许某一单位在一定时期内对国有土地享有开发、利用、经营的权利。土地使用权实质上就是对土地的租赁权，取得土地使用权有时可能不花任何费用，或虽然花费一些费用，但这些费用是分期支付的，一般不作为无形资产进行核算。但若单位取得土地使用权不仅付出了较多的费用，而且是一次性支付的，就应予以本金化，需要将取得土地使用权时所花费的一切支出作为土地使用的成本，记入无形资产账户。

（5）著作权。著作权也称版权，指作者依照法律规定，对其创作的文学、艺术和科学著作等作品，在一定期限内所享有的专门权利。单位申请著作权的费用不多，此项费用一般不作为无形资产入账，只有当购入著作权时，著作权才作为无形资产入账核算。对于事业单位购入的无形资产，应当以实际成本作为入账价值；所以事业单位自行开发的无形资产，应当以开发过程中实际发生的支出作为入账价值；对于事业单位转让的无形资产，应当按照有关规定进行资产评估，取得的收入除国家另有规定外应计入事业收入；对于事业单位取得无形资产发生的支出，应当计入事业支出。

3.无形资产的摊销

无形资产摊销是指在无形资产使用寿命内，按照规定的方法对应摊销金额进行系统分摊。事业单位应当对无形资产进行摊销，以名义金额计量的无形资产除外。

事业单位应当按照如下原则，确定无形资产的摊销年限：

（1）对于法律规定了有效年限的，按照法律规定的有效年限作为摊销年限；对于法律没有规定有效年限的，按照相关合同或单位申请书中的受益年限作为摊销年限；对于法律没有规定有效年限、相关合同或单位申请书也没有规定受益年限的，按照不少于10年的期限摊销。

（2）事业单位应当采用年限平均法，对无形资产进行摊销。

（3）事业单位无形资产的应摊销金额为其成本。

（4）事业单位应当自无形资产取得当月起，按月计提无形资产摊销。

（5）对于因发生后续支出而增加无形资产成本的，应当按照重新确定的无形资产成本，重新计算摊销额。

（四）长期投资的管理

事业单位应当严格遵守国家法律、行政法规，以及财政部门、主管部门对事业单位长期投资的规定。事业单位进行长期投资，应进行可行性论证，对投资项目所需资金、预期现金流量、投资收益，以及投资的安全性等进行测算和分析。对于重大投资项目决策，实行集体审议制，应当按照国家相关规定，报经主管部门和财政部门批准或者备案；对于以实物、无形资产对外投资的，应当按照相关规定进行资产评估。事业单位在取得长期投资时，应当按照实际支付的款项或者所转让非现金资产的评估，确认价值作为入账价值。

第二节 事业单位现金及存款的核算

一、现金核算

为了核算库存现金业务，事业单位应设置"库存现金"总账科目。本科目核算事业单位的库存现金，本科目的期末借方余额反映事业单位实际持有的库存现金。

现金核算主要有以下几种情况：

（1）从银行等金融机构提取现金，按照实际提取的金额，借记本科目，贷记"银行存款"等科目；将现金存入银行等金融机构，按照实际存入的金额，借记"银行存款"等科目，贷记本科目。

（2）因职工出差而借出的现金，按照实际借出的现金金额，借记"其他应收款"科目，贷记本科目。出差人员在报销差旅费时，按照应报销的金额，借记有关科目，按照实际借出的现金金额，贷记"其他应收款"科目，按其差额借记或贷记本科目。

（3）因开展业务等其他事项收到现金，按照实际收到的金额，借记本科目，贷记有关科目；因购买服务或商品等其他事项支出现金，按照实际支出的金额，借记有关科目，贷记本科目。

（4）事业单位应当设置"现金日记账"，由出纳人员根据收付款凭证，按照业务发生的顺序逐笔登记。每日终了，应当计算当日的现金收入合计数、现金支出合计数和结余数，并将结余数与实际库存数核对，做到账款相符。每日在账款核对中，如果发现现金溢余或短缺，应当及时进行处理。如果发现现金溢余，属于应支付给有关人员或单位的部分，借记本科目，贷记"其他应付款"科目；属于无法查明原因的部分，借记本科目，贷记"其他收入"科目。如果发现现金短缺，属于应由责任人赔偿的部分，借记"其他应收款"科目，贷记本科目；属于无法查明原因的部分，报经批准后，借记"其他支出"科目，贷记本科目。对于事业单位有外币现金的，应当分别按照人民币、各种外币设置"现金日记账"进行明细核算。有关外币业务的账务处理参见"银行存款"科目的相关规定。

二、银行存款核算

为了核算事业单位存入银行或其他金融机构的各种存款，应设置"银行存款"总账科目。本科目核算事业单位存入银行或其他金融机构的各种存款。本科目期末借方余额反映事业单位实际存放在银行或其他金融机构的款项。事业单位将款项存入银行或其他金融机构，借记本科目，贷记"库存现金""事业收入""经营收入"等有关科目。在提取和支出存款时，借记有关科目，贷记本科目。对于事业单位发生外币业务的，应当按照业务发生当日（或当期期初，下同）的即期汇率，将外币金额折算为人民币记账，并登记外币金额和汇率。期末，各种外币账户的外币余额应当按照期末的即期汇率折算为人民币，作为外币账户期末人民币余额。调整后的各种外币账户人民币余额与原账面人民币余额的差额，作为汇兑损益计入相关支出或收入。

三、零余额账户用款额度核算

为了核算实行国库集中支付的事业单位根据财政部门批复的用款计划收到和支出的零余额账户用款额度，应设置"零余额账户用款额度"总账科目。本科目期末借方余额反映事业单位尚未支用的零余额账户用款额度。本科目年末应无余额。

（1）在财政授权支付方式下，事业单位在收到代理银行盖章的"授权支付到账通知书"时，应根据通知书所列数额，借记本科目，贷记"财政补助收入"科目；按规定支用额度时，借记有关科目，贷记本科目；从零余额账户提取现金时，借记"库存现金"科目，贷记本科目。

（2）因购货退回等发生国库授权支付额度退回的，属于以前年度支付的款项，按照退回金额，借记本科目，贷记"财政补助结转""财政补助结余""存货"等有关科目；属于本年度支付的款项，按照退回金额，借记本科目，贷记"事业支出""存货"等有关科目。

（3）年度终了，依据代理银行提供的对账单，作注销额度的相关账务处理，借记"财政应返还额度——财政授权支付"科目，贷记本科目。对于事业单位本年度财政授权支付预算指标数大于零余额账户用款额度下达数的，根据未下达的用款额度，借记"财政应返还额度——财政授权支付"科目，贷记"财政补助收入"科目。

（4）在下年初，事业单位依据代理银行提供的额度恢复到账通知书，作恢复额度的相关账务处理，借记本科目，贷记"财政应返还额度——财政授权支付"科目。对于事业单位收到财政部门批复的上年年末未下达零余额账户用款额度的，借记本科目，贷记"财政应返还额度——财政授权支付"科目。

第三节 事业单位投资的核算

一、短期投资核算

为核算事业单位短期投资的业务情况，应设置"短期投资"总账科目。本科目核算事业单位依法取得的、持有时间不超过一年（含一年）的投资，主要是国债投资。本科目期末借方余额反映事业单位持有的短期投资成本。本科目应当按照国债投资的种类等进行明细核算。

在取得短期投资时，应当以其实际成本（包括购买价款、税金、手续费等）作为投资成本，借记本科目，贷记"银行存款"等科目。短期投资持有期间在收到利息时，应按实际收到的金额，借记"银行存款"科目，贷记"其他收入——投资收益"科目。

对于出售短期投资或到期收回短期国债本息，应按照实际收到的金额，借记"银行存款"科目；按照出售或收回短期国债的成本，贷记本科目；按照其差额，贷记或借记"其他收入——投资收益"科目。

二、长期投资核算

为了核算长期投资业务，事业单位应设置"长期投资"总账科目。该科目核算事业单位依法取得的、持有时间超过一年（不含一年）的股权和债权性质的投资，本科目应当按照长期投资的种类和被投资单位等进行明细核算。本科目的期末借方余额反映事业单位持有的长期投资成本。

（一）长期股权投资

1.取得长期股权投资的账务处理

在取得长期股权投资时，应当以其实际成本作为投资成本。

对于以货币资金取得的长期股权投资，以其实际支付的全部价款（包括购买价款、税金、手续费等）作为投资成本，借记本科目，贷记"银行存款"等科目。同时，按照投资成本金额，借记"事业基金"科目，贷记"非流动资产基金——长期投资"科目。

对于以固定资产取得的长期股权投资，以评估价值加上相关税费作为投资成本，借记本科目，贷记"非流动资产基金——长期投资"科目；按照其发生的相关税费，借记"其他支出"科目，贷记"银行存款""应缴税费"等科目。同时，按照与投出固定资产对应的非流动资产基金，借记"非流动资产基金——固定资产"科目；按照投出固定资产已计提折旧，借记"累计折旧"科目；按照投出固定资产的账面余额，贷记"固定资产"科目。

对于以已入账无形资产取得的长期股权投资，以评估价值加上相关税费作为投资成本，借记本科目，贷记"非流动资产基金——长期投资"科目；按照发生的相关税费，借记"其他支出"科目，贷记"银行存款""应缴税费"等科目。同时，按照投出无形资产对应的非流动资产基金，借记"非流动资产基金——无形资产"科目；按照投出无形资产已计提摊销，借记"累计摊销"科目；按照投出无形资产的账面余额，贷记"无形资产"科目。

对于以未入账无形资产取得的长期股权投资，以评估价值加上相关税费作为投资成本，借记本科目，贷记"非流动资产基金——长期投资"科目；按照发生的相关税费，借记"其他支出"科目，贷记"银行存款""应缴税费"等科目。

2.转让长期股权投资的账务处理

在转让长期股权投资、转入待处置资产时，按照待转让长期股权投资的账面余额，借记"待处置资产损溢——处置资产价值"科目，贷记本科目。

在实际转让时，按照与所转让长期股权投资对应的非流动资产基金，借记"非流动资产基金——长期投资"科目，贷记"待处置资产损溢——处置资产价值"科目。

因被投资单位破产清算等，有确凿证据表明长期股权投资发生损失，应按规定报经批准后予以核销。在将待核销长期股权投资转入待处置资产时，应按照待核销的长期股权投资账面余额，借记"待处置资产损溢"科目，贷记本科目。报经批准予以核销时，借记"非流动资产基金——长期投资"科目，贷记"待处置资产损溢"科目。

（二）长期债券投资

在取得长期债券投资时，应当以其实际成本作为投资成本。对于以货币资金购入的长期债券投资，以实际支付的全部价款（包括购买价款、税金、手续费等）作为投资成本，借记本科目，贷记"银行存款"等科目。同时，按照投资成本金额，借记"事业基金"科目，贷记"非流动资产基金——长期投资"科目。

对于对外转让或到期收回长期债券投资本息，按照实际收到的金额，借记"银行存款"等科目；按照收回长期投资的成本，贷记本科目；按照其差额，贷记或借记"其他收入——投资收益"科目。同时，按照收回长期投资对应的非流动资产基金，借记"非流动资产基金——长期投资"科目，贷记"事业基金"科目。

第四节 事业单位固定资产及无形资产的核算

一、固定资产的核算

（一）固定资产的计价

固定资产计价就是用货币的形式来表现固定资产的价值。固定资产的正确计价，是做好固定资产核算工作的前提。按照相关规定，单位固定资产的核算应贯彻实际成本计价原则：

（1）对于购入的固定资产，其成本包括实际支付的购买价款、相关税费、固定资产交付使用前所发生的可归属于该项资产的运输费、装卸费、安装费，以及专业人员服务费等。

（2）对于自行建造的固定资产，其成本包括建造该项资产至交付使用前所发生的全部必要支出。

（3）对于自行繁育的动植物，其成本包括在达到可使用状态前所发生的全部必要支出。

（4）对于在原有固定资产基础上进行改建、扩建、修缮的固定资产，其成本按照原固定资产的账面价值加上改建、扩建、修缮发生的支出，再扣除固定资产拆除部分账面价值后的金额确定。

（5）对于置换取得的固定资产，其成本按照换出资产的评估价值加上支付的补价或减去收到的补价，加上为换入固定资产支付的其他费用（如运输费等）确定。

（6）对于接受捐赠、无偿调入的固定资产，其成本按照有关凭据注明的金额加上相关税费、运输费等确定；对于没有相关凭据可供取得，但依法经过资产评估的，其成本应当按照评估价值加上相关税费、运输费等确定；对于没有相关凭据可供取得，也未经评估的，其成本可以比照同类或类似固定资产的市场价格加上相关税费、运输费等确定；对于没有相关凭据，也未经评估，且其同类或类似固定资产的市场价格无法可靠取得的，该类固定资产应当按照名义金额入账。

对于为了维护固定资产的正常使用而发生的日常修理等后续支出，应当计入当期支出，不计入固定资产成本。单位按规定对固定资产进行计价并登记入账后，除发生下列情况外，不得任意变动：

（1）根据国家规定对固定资产价值重新估价。

（2）增加补充设备或改良装置。

（3）将固定资产的一部分拆除。

（4）根据实际价值调整原来的暂估价值。

（5）发现原记固定资产价值有错误。

（二）固定资产核算

为了核算事业单位固定资产的增减变动和结存情况，应在资产类科目中设置"固定资产"总账科目。本科目核算事业单位固定资产的原价，事业单位应当设置"固定资产登记簿"和"固定资产卡片"，按照固定资产类别、项目和使用部门等进行明细核算。对于出租、出借的固定资产，应当设置备查簿进行登记。本科目的期末借方余额反映事业单位固定资产的原价。

1.取得固定资产的账务处理

事业单位在取得固定资产时，应当按照其实际成本入账。

（1）对于购入的固定资产，其成本包括购买价款、相关税费，以及固定资产交付使用前所发生的可归属于该项资产的运输费、装卸费、安装调试费和专业人员服务费等。对于购入的不需安装的固定资产，按照确定的固定资产成本，借记本科目，贷记"非流动资产基金——固定资产"科目。同时，按照实际支付金额，借记"事业支出""经营支出""专用基金——修购基金"等科目，贷记"财政补助收入""零余额账户用款额度""银行存款"等科目。对于购入需要安装的固定资产，先通过"在建工程"科目核算。当安装完工交付使用时，借记本科目，贷记"非流动资产基金——固定资产"科目。同时，借记"非流动资产基金——在建工程"科目，贷记"在建工程"科目。

（2）对于自行建造的固定资产，其成本包括建造该项资产至交付使用前所发生的全部必要支出。当工程完工交付使用时，按自行建造过程中发生的实际支出，借记本科目，贷记"非流动资产基金——固定资产"科目。同时，借记"非流动资产基金——在建工程"科目，贷记"在建工程"科目。对于已交付使用但尚未办理竣工决算手续的固定资产，按照估计价值入账，待确定实际成本后再进行调整。

（3）对于在原有固定资产基础上进行改建、扩建、修缮后的固定资产，其成本按照原固定资产账面价值（"固定资产"科目账面余额减去"累计折旧"科目账面余额后的净值）加上改建、扩建、修缮发生的支出，再扣除固定资产拆除部分的账面价值后的金额确定。在对固定资产进行改建、扩建、修缮时，按固定资产的账面价值，借记"在建工程"科目，贷记"非流动资产基金——在建工程"科目。同时，按固定资产对应的非流动资产基金，借记"非流动资产基金——固定资产"科目，按固定资产已计提折旧，借记"累计折旧"科目，按固定资产的账面余额，贷记本科目。当工程完工交付使用时，借记本科目，贷记"非流动资产基金——固定资产"科目。同时，借记"非流动资产基金——在建工程"科目，贷记"在建工程"科目。

（4）对于以融资租赁租入的固定资产，其成本按照租赁协议或者合同确定的租赁价款、相关税费，以及固定资产交付使用前所发生的可归属于该项资产的运输费、途中保险费、安装调试费等确定。对于融资租入的固定资产，按照确定的成本，借记本科目（不需安装）或"在建工程"科目（需安装），按照租赁协议或者合同确定的租赁价款，贷记"长期应付款"科目，按照其差额，贷记"非流动资产基金——固定资产、在建工程"科目。同时，按照实际支付的相关税费、运输费、运输保险费、安装调试费等，借记"事业支出""经营支出"等科目，贷记"财政补助收入""零余额账户用款额度""银行存款"等科目。当定期支付租金时，按照支付的租金金额，借记"事业支出""经营支出"等科目，贷记"财政补助收入""零余额账户用款额度""银行存款"等科目。同时，借记"长期应付款"科目，贷记"非流动资产基金——固定资产"科目。对于跨年度分期付款购入固定资产的账务，参照融资租入固定资产处理。

（5）对于接受捐赠、无偿调入的固定资产，其成本按照有关凭据注明的金额加上相关税费、运输费等确定；对于没有相关凭据的，其成本可以比照同类或类似固定资产的市场价格加上相关税费、运输费等确定；对于没有相关凭据、同类或类似固定资产的市场价格也无法可靠取得的，该固定资产应按照名义金额入账。对于接受捐赠、无偿调入的固定资产，按照确定的固定资产成本，借记本科目（不需安装）或"在建工程"科目（需安装），贷记"非流动资产基金——固定资产、在建工程"科目；按照发生的相关税费、运输费等，借记"其他支出"科目，贷记"银行存款"科目。

2.固定资产折旧的账务处理

为了加强事业单位固定资产的价值管理，在会计核算实务中，可以通过设置"累计折旧"账户，反映固定资产价值的转移情况。该账户的贷方反映计提折旧的增加数，借方反映各种原因减少固定资产转出的固定资产折旧，本科目的期末贷方余额，反映事业单位计提的固定资产折旧累计数。该账户应按照所对应的固定资产类别、项目进行明细核算。

（1）当按月计提固定资产折旧时，按照应计提折旧金额，借记"非流动资产基金——固定资产"科目，贷记本科目。

（2）在处置固定资产时，按照所处置固定资产的账面价值，借记"待处置资产损溢"科目；按照已计提折旧，借记本科目；按照固定资产的账面余额，贷记"固定资产"科目。

3.出售、无偿调出、对外捐赠固定资产的账务处理

对于出售、无偿调出、对外捐赠的固定资产，在转入待处置资产时，按照待处置固定资产的账面价值，借记"待处置资产损溢"科目；按照已计提折旧，借记"累计折旧"科目；按照固定资产的账面余额，贷记本科目。在实际出售、调出、捐出时，按照处置固定资产对应的非流动资产基金，借记"非流动资产基金——固定资产"科目，贷记"待处置资产损溢"科目。

4.盘盈、盘亏固定资产的账务处理

应当定期清查、盘点事业单位的固定资产，每年至少盘点一次。对于发生的固定资产盘盈、盘亏或者报废、毁损情况，应当及时查明原因，按照规定报经批准后进行账务处理。

（1）对于盘盈的固定资产，按照同类或类似固定资产的市场价格确定入账价值。对于同类或类似固定资产的市场价格无法可靠取得的，应该按照名义金额入账。对于盘盈的固定资产，按照确定的入账价值，借记本科目，贷记"非流动资产基金——固定资产"科目。

（2）对于盘亏或者毁损、报废的固定资产，在转入待处置资产时，按照待处置固定资产的账面价值，借记"待处置资产损溢"科目；按照已计提折旧，借记"累计折旧"科目；按照固定资产的账面余额，贷记本科目。在报经批准予以处置时，按照处置固定资产对应的非流动资产基金，借记"非流动资产基金——固定资产"科目，贷记"待处置资产损溢"科目。

二、无形资产的核算

（一）无形资产计价

对于事业单位购入的无形资产，应当以实际成本作为入账价值。对于事业单位自行开发的无形资产，应当以开发过程中实际发生的支出作为入账价值。对于事业单位转让的无形资产，应当按照有关规定进行资产评估，取得的收入除国家另有规定之外，应计入事业收入。对于事业单位取得无形资产发生的支出，应当计入事业支出。

（二）无形资产核算

为了核算事业单位无形资产的增减变动及摊销情况，应设置"无形资产"总账科目。本科目核算事业单位无形资产的原价，本科目期末贷方余额反映事业单位计提的无形资产摊销累计数。本科目应按照无形资产的类别设置明细账，进行明细分类核算。当按月计提无形资产摊销时，按照应计提摊销金额，借记"非流动资产基金——无形资产"科目，贷记本科目。在对无形资产进行处置时，按照所处置无形资产的账面价值，借记"待处置资产损溢"科目；按照已计提摊销，借记本科目；按照无形资产的账面余额，贷记"无形资产"科目。

第五节 事业单位负债的管理与核算

一、事业单位负债的分类与管理

（一）事业单位负债的分类

事业单位负债是事业单位承担的能以货币计量、需要以资产偿付的债务，包括借入款项、应付票据、应付账款、预收账款、其他应付款、应缴预算款、应缴财政专户款和应缴税金等。按照流动性，事业单位的负债可分为流动负债和非流动负债。流动负债是指预计在一年内（含一年）偿还的负债。非流动负债是指流动负债以外的负债。事业单位的流动负债包括短期借款、应付及预收款项、应付职工薪酬和应缴款项等。事业单位的非流动负债包括长期借款、长期应付款等。

（二）事业单位负债的管理

事业单位的负债应当以不同的性质分别进行管理，及时清理并按规定办理结算，保证各项负债在规定的期限内归还。

事业单位负债的管理主要包括以下两个方面：

1.严格控制负债规模

根据事业单位的业务特点及承担的任务，事业单位的资金来源首先是国家财政补助，其次是依法组织的各项事业收入和经营收入。由于一些事业单位存在资金短缺的问题，国家允许事业单位在规定的范围内向有关部门和单位借款，以开展业务活动。但事业单位毕竟不是生产物质产品的企业单位，为了防止事业单位借款超过合理额度，影响债权人的利益和事业单位各项活动的正常进行，事业单位负债必须控制在一定范围内。

2.及时清理各种债务

对于按规定借入的各种款项，应保证到期还本付息；对于各种应付及预收款项，要及时组织清理，做到按时清算，不得长期挂账；对于各种应交款项，应严格按照国家规定及时足额上缴，不得无故拖欠、截留或坐支。

二、事业单位负债的核算

（一）短期借款

1.短期借款的概念及要求

短期借款是指事业单位借入的期限在一年内（含一年）的各种借款。事业单位的短期借款主要用于事业单位临时性或特殊性的资金需要。

事业单位的短期借款应当遵循以下管理要求：

第一，借款要有批准计划。各种短期借款应事先编报计划，对借款的渠道、额度、期限、利率、担保等问题作出限定，按批准的计划组织借款。

第二，借款要有相应的偿还能力。事业单位申请短期借款，应认真落实偿还借款的资金来源，不得盲目借款，导致还款能力丧失。

第三，借款必须有合理的经济效益。因为借款不是无偿使用的，需要支付利息，并且到期必须偿还，所以事业单位在申请借款时，必须认真考虑借款的经济效益，不得举借无经济效益的借款。

第四，借款要符合政策和遵守信用。事业单位借入的款项必须按照国家的有关政策使用，不得用于违背国家政策的事项。事业单位的借款必须按照合同规定及时偿还本息，不得拖欠。

2.短期借款的核算

为核算事业单位借入的期限在一年内（含一年）的各种借款，应设置"短期借款"科目。本科目应当按照贷款单位和贷款种类进行明细核算。期末贷方余额反映的是事业单位尚未偿还的短期借款本金。

（二）应缴税费

1.应缴税费的概念及要求

应缴税费是指事业单位按照税法等规定，计算应缴纳的各种税费，包括增值税、城市维护建设税、教育费附加税、车船税、房产税、城镇土地使用税和企业所得税等。各种应缴但未缴的税费就是事业单位欠国家税务机关的债务，是事业单位的负债之一。

应缴税费核算的基本要求是：按照税法规定，正确计算各种应缴纳的税费；按照税法规定及时、足额地缴纳各种税费，不得拖欠、漏缴；将缴纳的税费，按照有关制度要求的列支渠道，正确地记入有关账户。

2.应缴税费的核算

为核算事业单位按照税法等规定，计算应缴纳的各种税费，应设置"应缴税费"科目。事业单位代扣代缴的个人所得税也通过本科目核算。事业单位应缴纳的印花税不需要预提应缴税费，直接通过支出等有关科目核算，不在本科目内核算。

本科目应当按照应缴纳的税费种类进行明细核算。属于增值税一般纳税人的事业单位，应在应缴增值税明细账中设置"进项税额""已缴税金""销项税额""进项税额转出"等专栏。期末借方余额反映事业单位多缴纳的税费金额，本科目期末贷方余额反映的是事业单位应缴但未缴的税费金额。

（三）应缴国库款

1.应缴国库款的概念及要求

应缴国库款是指事业单位按规定，应缴入国库的款项（应缴税费除外）。事业单位对于收取的应缴国库的各种款项，应当依法、积极组织收入，并按时、足额上缴，不得隐瞒不缴、挪作他用，不得以任何借口截留开支或转作预算外资金；收取的各种应缴国库款，应存入银行，每月终了缴清，在年终，必须将全年应缴国库款结算缴清，全部缴入国库。

2.应缴国库款的核算

为核算事业单位按规定应缴入国库的款项（应缴税费除外），应设置"应缴国库款"科目。本科目应当按照应缴国库的各款项类别进行明细核算。期末贷方余额反映的是事业单位应缴入国库但尚未缴纳的款项。

（四）应缴财政专户款

1.应缴财政专户款的概念及要求

应缴财政专户款是指事业单位按规定，应缴入财政专户的款项。应缴财政专户款是国家的财政资金，不是部门和单位的自有资金，必须纳入财政管理。财政部门在银行开设统一的专户，用于应缴财政专户款收入和支出的管理。部门和单位取得的应缴财政专户款必须上缴同级财政专户，支出由同级财政按专户资金收支计划和单位的财务收支计划统筹安排，从财政专户拨付，实行收、支两条线管理。

事业单位应上缴财政专户的资金必须按财政部门规定的时间及时缴入财政部门在银行开设的资金专户，不得拖欠、截留和坐收坐支；对于逾期未缴的，由银行从单位的资金账户中直接划入财政专户。

2.应缴财政专户款的核算

为核算事业单位按规定应缴入财政专户的款项，应设置"应缴财政专户款"科目。本科目应当按照应缴财政专户的各款项类别，进行明细核算。期末贷方余额反映的是事业单位应缴入财政专户但尚未缴纳的款项。

（五）应付职工薪酬

1.应付职工薪酬的概念

应付职工薪酬是指事业单位应付但未付的职工工资、津贴补贴等，包括基本工资、绩效工资、国家统一规定的津贴补贴、社会保险费和住房公积金等。

2.应付职工薪酬的核算

为核算事业单位按有关规定应付给职工及为职工支付的各种薪酬，应设置"应付职工薪酬"科目。本科目应当根据国家有关规定，按照"工资（离退休费）""地方（部门）津贴补贴""其他个人收入""社会保险费""住房公积金"等进行明细核算。期末贷方余额反映的是事业单位应付但未付的职工薪酬。

（六）应付票据

1.应付票据的概念及要求

应付票据是指事业单位对外发生债务时所开出或承兑的商业汇票，包括商业承兑汇票和银行承兑汇票。商业承兑汇票必须由付款方（购买单位）承兑，银行承兑汇票必须由银行承兑。商业汇票在未到期前，事业单位视之为一种负债，期末反映在资产负债表上"应付票据"项目内。根据有关规定，事业单位签发的商业汇票承兑期限最长不超过6个月。事业单位在商业汇票到期前，应及时将款项足额交存开户银行，以便银行在应付票据到期日，将款项划转给收款人或贴现银行。

事业单位应付票据的核算要求是：正确、及时地反映应付票据的应付金额，及时筹措资金，按时偿付票据款，维护结算信用。

2.应付票据的核算

为核算事业单位因购买材料、物资等开出、承兑的商业汇票，应设置"应付票据"科目。本科目应当按照债权单位进行明细核算。期末贷方余额反映的是事业单位开出、承兑的尚未到期的商业汇票票面金额。事业单位应当设置"应付票据备查簿"，详细登记每一应付票据的种类、号数、出票日期、到期日、票面金额、交易合同号、收款人姓名或单位名称，以及付款日期和金额等资料。应付票据到期结清票款后，应当在备查账簿内逐笔注销。

（七）应付账款

1.应付账款的概念及要求

应付账款是指事业单位因购买材料、物资等，应付给供应单位的款项。它是买卖双方在交易活动中由于取得物资与支付货款的时间不一致而产生的负债。应付账款与应付票据不同，两者虽然都是由于交易活动引起的负债，但应付账款是尚未结算的债务，而应付票据是一种期票，是延期付款的证明，有承诺付款的票据作为凭据。应付账款按实际发生额记账，其入账时间应以所购物资的所有权转移为标志。但在实际工作中，要区别情况处理，在货物和发票账单不同时到达的情况下，待发票账单到达后再入账；如果月末发票账单仍未到达，可按合同价或暂估价确认负债入账，下月初红字冲回，待发票账单到达后再入账。

事业单位应加强对应付账款的管理，对于应付其他单位的账款，应及时筹措资金，按时偿还，以免长期占用而影响其他单位资金的正常周转；对于确实无法支付的应付款项，应按相关会计处理规定进行处理。

2.应付账款的核算

为核算事业单位因购买材料、物资等应付的款项，应设置"应付账款"科目。本科目应当按照债权单位（或个人）进行明细核算。期末贷方余额反映的是事业单位尚未支付的应付账款。

（八）预收账款

1.预收账款的概念及要求

预收账款是指事业单位按照合同规定，向购货单位或接受劳务的单位预收的款项。事业单位预收的货款要在日后以交付货物或提供劳务的方式来偿付。在收到款项但尚未交付货物或提供劳务时，预收账款就是事业单位的一项负债。等到事业单位按照合同规定如期交付货物或提供劳务时，预收账款转化为收入，债务才得以清偿。如果事业单位到期无法履行合同，不能向购货单位交付货物或提供劳务，预收的货款应如数退还。

事业单位预收账款核算的基本要求是：正确反映预收账款的增减变化，及时用有关的产品或劳务来清偿债务，按期结清预收账款。

2.预收账款的核算

为核算事业单位按合同规定预收的款项，应设置"预收账款"科目。本科目应当按照债权单位（或个人）进行明细核算。期末贷方余额反映的是事业单位按合同规定预收但尚未实际结算的款项。

（九）其他应付款

1.其他应付款的概念及要求

其他应付款是事业单位除了应缴税费、应缴国库款、应缴财政专户款、应付职工薪酬、应付票据、应付账款、预收账款之外的其他各项偿还期限在一年内（含一年）的应付及暂收款项，如存入保证金等。

事业单位对其他应付款核算的基本要求是：如实反映各项其他应付款的增减变动及结存情况，分项目核算各项其他应付款，及时清偿各项其他应付款。

2.其他应付款的核算

为核算事业单位其他各项偿还期限在一年内（含一年）的应付及暂收款项，应设置"其他应付款"科目。本科目应当按照其他应付款的类别及债权单位（或个人）进行明细核算。期末贷方余额反映的是事业单位尚未支付的其他应付款。

（十）长期借款

1.长期借款的概念

长期借款是指事业单位借入的期限超过一年（不含一年）的各种借款。

2.长期借款的核算

为核算事业单位借入的期限超过一年（不含一年）的各种借款，应设置"长期借款"科目。本科目应当按照贷款单位和贷款种类进行明细核算。对于基建项目借款，应按具体项目进行明细核算。期末贷方余额反映的是事业单位尚未偿还的长期借款本金。

（十一）长期应付款

1.长期应付款的内容及要求

长期应付款是指事业单位的偿还期限超过一年（不含一年）的应付款项，主要指事业单位融资租入固定资产发生的应付租赁款、跨年度分期付款、购入固定资产的价款等。

2.长期应付款的核算

为核算事业单位发生的偿还期限超过一年（不含一年）的应付款项，应设置"长期应付款"科目。本科目应当按照长期应付款的类别及债权单位（或个人）进行明细核算。期末贷方余额反映的是事业单位尚未支付的长期应付款。

第四章 事业单位的收支及社保基金核算

第一节 事业单位的收入核算

财政收入是国家为实现其职能，根据法令和法规所取得的非偿还性资金，是一级财政的资金来源。财政收入包括预算收入、专用基金收入、债务收入及债务转贷收入、资金调拨收入、调入预算稳定调节基金和财政专户管理资金收入等。

一、预算收入的内容和核算

（一）预算收入的概念和内容

预算收入是通过一定的形式和程序，有计划、有组织地由国家支配，并被纳入预算管理的资金。预算资金的项目划分和内容归集均按照各年度行政事业单位收支分类科目办理；而各级行政事业单位预算资金的收纳、划分和库款报解（以下简称"报解"），应通过各级财政同级国家金库，按照相关规定办理。

预算收入一般以上年度缴入基层国库（支金库）的数额为准。对于已建乡（镇）国库的地区，乡（镇）财政的本级收入以乡（镇）国库收到数为准。对于县（含县本级）以上各级财政的各项预算收入（含固定收入与共享收入），仍以缴入基层国库数额为准。对于未建乡（镇）国库的地区，乡（镇）财政的本级收入以乡（镇）总预算会计收到县级财政的返回数额为准。

基层国库在年度库款报解整理期内收到经收处报来的正常收入，记入上年度账。在整理期结束后收到的上年度收入，一律记入新年度账。预算收入科目分设类、款、项、目四级。类级科目分为税收收入、非税收入、债务收入和转移性收入四类。

1.税收收入

税收收入主要包括以下科目：

（1）增值税：该科目下设国内增值税、进口货物增值税、出口货物退增值税、改征增值税和改征增值税出口退税 5 个项级科目。

（2）消费税：该科目下设国内消费税、进口消费品消费税和出口消费品退消费税 3 个项级科目。

（3）企业所得税：该科目下设国有冶金工业所得税、国有有色金属工业所得税、国有煤炭工业所得税、国有电力工业所得税、国有石油和化学工业所得税、国有汽车工业所得税等 48 个项级科目，反映按《中华人民共和国企业所得税法》征收的各类企业所得税。

（4）个人所得税：该科目下设个人所得税和个人所得税税款滞纳金罚款收入 2 个项级科目。

（5）资源税：该科目下设海洋石油资源税、其他资源税和资源税滞纳金罚款收入 3 个项级科目。

（6）城市维护建设税：该科目下设国有企业城市维护建设税、集体企业城市维护建设税、股份制企业城市维护建设税、联营企业城市维护建设税等 11 个项级科目。

（7）房产税：该科目下设国有企业房产税、集体企业房产税、股份制企业房产税、联营企业房产税等 8 个项级科目。

（8）印花税：该科目下设证券交易印花税、其他印花税和印花税滞纳金罚款收入 3 个项级科目。

2.非税收入

非税收入包括以下科目：

（1）专项收入：该科目下设排污费收入、水资源费收入、教育费附加收入、矿产资源补偿费收入等 10 个项级科目。

（2）行政事业性收费收入：该科目下设公安行政事业性收费收入、司法行政事业性收费收入、外交行政事业性收费收入、工商行政事业性收费收入等 59 个项级科目，反映各级各类行政事业单位依据国家法律、行政法规、国务院有关规定、国务院财政部门与计划部门共同发布的规章或规定，或依据省、自治区、直辖市的地方性法规，行政事业单位规章或规定，省、自治区、直辖市行政事业单位财政部门与计划（物价）部门共同发布的规定，代为收取缴纳的各项收费收入。

（3）罚没收入：该科目下设一般罚没收入、缉私罚没收入、缉毒罚没收入、罚没收入退库4个项级科目，反映执法机关依法收缴的罚款、没收款、赃款，以及没收物资、赃物的变价款收入。

（4）国有资本经营收入：该科目下设利润收入、产权转让收入、股利股息收入、清算收入、国有资本经营收入退库、国有企业计划亏损补贴、其他国有资本经营收入7个项级科目，反映行政事业单位经营和使用国有资产等取得的收入。

（5）国有资源（资产）有偿使用收入：该科目下设海域使用金收入、场地和矿区使用费收入、特种矿产品出售收入、专项储备物资销售收入、利息收入、非经营性国有资产收入、出租车经营权有偿出让和转让收入、无居民海岛使用金收入及其他国有资源（资产）有偿使用收入9个项级科目，反映行政事业单位有偿转让国有资源（资产）使用权而取得的收入。

（6）其他收入：该科目下设捐赠收入、动用国家储备粮油上交差价收入、国际赠款有偿使用费收入、免税商品特许经营费收入等12个项级科目，反映行政事业单位除上述各款之外的收入。

3.债务收入

债务收入分设以下科目：

（1）国内债务收入：该科目下设国债发行收入、地方行政事业单位债券收入2个项级科目。

（2）国外债务收入：该科目下设向外国政府借款收入、向国际组织借款收入、其他国外借款收入、地方向国外借款收入4个项级科目。

4.转移性收入

转移性收入包括以下科目：

（1）返还性收入：该科目下设增值税和消费税税收返还收入、所得税基数返还收入、成品油价格和税费改革税收返还收入、其他税收返还收入4个项级科目，反映地方一级行政事业单位收到上级行政事业单位的返还性收入。

（2）一般性转移支付收入：该科目下设体制补助收入、均衡性转移支付补助收入、基本养老保险和低保等转移支付收入、调整工资转移支付补助收入等23个项级科目，反映中央行政事业单位和地方行政事业单位间以及各地方行政事业单位间的一般性转移支付收入。

（3）专项转移支付收入：该科目下设一般公共服务、外交、国防、公共安全、教育、科学技术、文化体育与传媒、社会保障和就业、医疗卫生、节能环保、城乡社区、农林水、交通运输、资源勘探电力信息等专项补助收入、专项上解收入等 21 个项级科目，反映中央行政事业单位和地方行政事业单位间以及各地方行政事业单位间的专项转移支付收入。

（4）上年结余收入：该科目下设一般预算上年结余收入 1 个项级科目，反映一般预算的上年结余。

（5）调入资金：该科目下设一般预算调入资金 1 个项级科目，反映同级行政事业单位预算不同性质资金、不同科目资金之间的调用形成的收入。

（6）债券转贷收入：该科目下设转贷财政部代理发行地方行政事业单位债券收入 1 个项级科目，反映下级行政事业单位收到的上级行政事业单位转贷的财政部代理发行地方行政事业单位债券收入。

（7）接受其他地区援助收入。

上述债务收入和转移性收入的项级科目均不设置目级科目。需要注意的是，上述的税收收入、非税收入、债务收入和转移性收入四类预算收入都是各级行政事业单位安排一般预算支出的资金来源，在编制总预算时，都作为一般预算资金收入来处理。但在财政总预算会计中，当这些收入发生时，只有税收收入和除了国有资本经营收入以外的非税收入通过"一般预算收入"账户核算，其他都有对应科目进行归集，如国有资本经营收入记入"国有资本经营预算收入"，债务收入分别对应"借入款""债务收入""债务转贷收入"进行核算，转移性收入分别对应"补助收入""上解收入""调入资金"科目进行核算。这些都说明行政事业单位收支分类科目并不等同于财政总预算会计科目，两者相互联系，但不能相互替代。

（二）组织预算收入执行的机关

我国组织预算收入执行的机关主要有各级财政部门、税务机关、海关、国库。税务机关主要负责国家各项工商税收、企业所得税和由税务部门征收的其他预算收入等。财政部门主要负责征收国有资本经营收入，其他预算收入等非税收入；部分地方的契税和耕地占用税也由财政部门征收。海关主要负责对进出口的货物和各种物品、旅客行李等依法征收关税，为税务机关代征进出口产品的增值税、消费税，以及国家交办的涉及进出口产品的其他税收的征收管理工作。

国库是国家财政收支的出纳机关，负责预算收入的收纳、划分、报解和预算支出支拨工作。它包含两层意思：

（1）国库是国家财政的"财政库"，是国家财政的总出纳机关.

（2）国库是一个出纳机关，但不是单纯的收钱、付钱的现金出纳，而是参与组织和执行国家预算的专门机关。

我国国库机构按照"国家统一领导，分级管理"的财政体制设立，原则上按照国家预算管理体制，有一级财政设立一级国库。国库分为总库、分库、中心支库、支库四级。根据《中华人民共和国预算法》（以下简称《预算法》）及《中华人民共和国预算法实施条例》规定，我国国库分为中央国库和地方国库两套机构。县级以上各级预算必须设立国库；具备条件的乡、民族乡、镇也应设立国库，组成地方国库。中央国库业务由中国人民银行经理；地方国库业务由中国人民银行分支机构经理。

国库的职责具体包括以下方面：

（1）准确、及时地收纳各项国家预算收入。

（2）按照财政制度的有关规定和银行的开户管理办法，为各级财政机关开立账户，根据财政机关填发的拨款凭证，及时办理同级财政库款的支拨。

（3）对各级财政库款和预算收支进行会计账务核算，按期向上级国库和同级财政机关、征收机关报送日报、旬报、月报和年度决算报表，定期与财政、征收机关对账，以保证数字准确、一致。

（4）协助财政、征收机关组织预算收入及时缴库；根据征收机关填发的凭证，核收滞纳金；根据国家税法，协助财税机关扣收个别单位屡催不缴的应缴预算收入；按照国家财政制度的规定，办理库款的退付。

（5）组织管理和检查指导下级国库和国库经收处的工作，总结交流经验，及时解决存在的问题。

（6）办理国家交办的与国库有关的其他工作。

国库的主要权限具体包括以下方面：

（1）各级国库有权监督检查国库经收处和其他征收机关所收的款项是否按规定及时全部缴入国库，发现拖延或违法不缴的，应及时查究处理。

（2）各级财政机关要正确执行国家财政管理体制规定的预算收入划分办法和分成

留解比例；对于擅自变更上级财政机关规定的分成留解比例的，国库有权拒绝执行。

（3）各级财政、征收机关应按照国家统一规定的退库范围、项目和审批程序办理退库；对于不符合规定的，国库有权拒绝执行。

（4）监督财政存款的开户和财政库款的支拨，对于违反财政体制规定的，国库有权拒绝执行。

（5）任何单位和个人强令国库办理违反国家规定的事项，国库有权拒绝执行，并及时向上级报告。

（6）国库的各种缴库、退库凭证的格式、尺寸、各联的颜色、用途及填写内容，按照《中华人民共和国国家金库条例实施细则》的规定办理，对不符合规定的缴退库凭证或填写不准确、不完整的凭证，国库有权拒绝受理。

（三）预算收入的执行方式

国家预算收入是按照年度预算确定的收入任务，在预算执行中组织实现的。征收机关按照法律、法规完成资金的收取，必须按一定的方式把预算资金上缴国库；国库按资金内容进行划分、报解，对预算资金进行分级管理，保证本级财政的预算资金能及时、全部缴入同级国库。

1.预算收入的缴库

确定预算收入缴库，应按照既方便缴纳人完成缴纳预算收入的任务，又有利于预算收入及时入库的原则进行。按现行制度规定，预算收入的缴库方式分别采用就地缴库、集中缴库和税务机关、海关自收汇缴三种形式。

预算收入缴库的方法是根据收入的性质和缴款单位的不同情况分别规定的。各项税收按照国家税法规定的税目、计税依据和税率计征，并按照税款缴库的方法缴库，其他预算收入按有关规定执行。

缴纳预算收入应按规定凭缴款书办理，没有按规定正确填制缴款书的，各级国库都不办理预算收入的收纳入库。缴款书应由缴款单位或征收机关根据国家预算收入账户，采取一税一票（一种税收填一份缴款书）形式，按预算账户的"款"级账户填制、个别账户填列"项"。缴款书所列内容必须填写齐全。缴款书是办理国库收款业务的主要依据，对国库会计核算工作的质量有直接的影响。因此，国库或国库经收处应对缴款书的真实性、合法性、完整性进行认真审核，拒绝受理不真实、不合法、不完整的缴款书。

2.预算收入的划分

预算收入的划分是把入库的预算收入按照其预算级次分开，属于需分成的预算收入，按规定分成比例，办理预算收入的分成；属于上级的预算收入，应上缴；属于本级的预算收入，应划入本级财政金库。在分税制财政体制下，预算收入分为固定收入和共享收入（也称分成收入）。固定收入指固定为各级财政的预算收入，由中央固定收入和地方固定收入构成；共享收入按各级财政的财力情况，按比例或其他方法进行分配。

（1）预算收入在中央与地方间的划分

中央固定收入包括关税以及海关代征的消费税和增值税，海洋石油资源税，消费税，中央所得税，中央企业上缴利润，铁道部门、各银行总行、保险总公司等集中缴纳的营业税、所得税、利润和城市维护建设税，地方银行和外资银行及非银行金融企业所得税等。地方固定收入包括地方企业所得税（不含地方银行和外资银行及非银行金融企业所得税）、地方企业上缴利润、个人所得税、城镇土地使用税、城市维护建设税（不含铁道部门、各银行总行、各保险总公司集中缴纳的部分）、房产税、车船税、印花税、耕地占用税、土地增值税、国有土地有偿使用收入等。中央与地方共享税包括国内增值税（中央75%，地方25%）、证券交易印花税（中央97%，地方3%）、资源税（海洋石油资源税归中央，其他归地方）等。

（2）地方各级预算收入的划分

在中央财政与地方财政划分的基础上，由上一级财政制定本级与下级间的财政管理体制，地方各级预算收入根据各地情况，按规定的划分方法执行。

二、专用基金收入的内容与核算

（一）专用基金收入的内容

专用基金收入是指财政部门按规定设置或者取得的具有专门用途的各项专用基金，如粮食风险基金等。

专用基金收入主要有两个来源渠道：

一是财政部门根据有关政策通过预算列支设置的，属于本级财政预算资金的使用。

二是上级财政部门拨入的，以财政总预算会计实际收到的数额为准。

（二）专用基金收入的核算

为了核算各级财政部门按规定设置或取得的专用基金收入，应设置"专用基金收入"账户。该账户贷方登记各级财政按规定设置或取得的专用基金收入，借方登记年终转入"专用基金结余"账户的数额。该账户平时的余额在贷方，反映财政部门当年的专用基金收入累计数；年终转账后，该账户无余额。

当财政部门从上级财政部门或通过本级预算支出安排取得专用基金收入时，借记"其他财政存款"账户，贷记"专用基金收入"账户；当退回专用基金时，进行相反的会计分录，借记"专用基金收入"账户，贷记"其他财政存款"账户；在年终转账时，将该账户余额全部转入"专用基金结余"账户，借记"专用基金收入"账户，贷记"专用基金结余"账户。

三、债务收入及债务转贷收入的核算

地方财政总预算会计应设置"债务收入"和"债务转贷收入"两个收入类账户，以核算代理发行的地方政府债券收入。

（一）债务收入的核算

债务收入是指政府财政根据法律法规等规定，通过发行债券、向外国政府和国际金融组织借款等方式，筹集的纳入预算管理的资金收入。债务收入应当按实际发行额或借入的金额入账。"债务收入"科目应该按照《政府收支分类科目》中"债务收入"科目的规定，进行明细核算，在平时，贷方余额反映债务收入的累计数。

1.政府债券

省级以上（含省级）政府财政在收到政府债券发行收入时，按照实际收到的金额，借记"国库存款"科目；按照政府债券实际发行额，借记"债务收入"科目；按照发行收入和发行额的差额，借记或贷记有关支出科目。根据债务管理部门转来的债券发行确认文件等相关材料，按照到期应付的政府债券本金金额，借记"待偿债净资产——应付短期政府债券/应付长期政府债券"账户，贷记"应付短期政府债券""应付长期政府债券"等账户。

2.借入主权外债

政府财政部门以政府名义向外国政府、国际金融组织等机构借入款项时，由于外方可能将贷款直接支付给借款的政府财政部门、用款单位或供应商，其账务处理的方式也有所不同。

（1）外方将贷款直接支付给借款的财政部门

政府财政在向外国政府、国际金融组织等机构借款时，按照借入的金额，借记"国库存款""其他财政存款"等科目，贷记"债务收入"科目；根据债务管理部门转来的相关资料，按照实际承担的债务金额，借记"待偿债净资产——借入款项"科目，贷记"借入款项"科目。

（2）外方将贷款资金直接支付给用款单位或供应商

当本级政府财政借入主权外债且由外方将贷款资金直接支付给用款单位或供应商时，应根据以下情况分别处理：

第一，对于本级政府财政承担还款责任，贷款资金由本级政府财政同级部门（单位）使用的，本级政府财政根据贷款资金支付相关资料，借记"一般公共预算本级支出"科目，贷记"债务收入"科目；根据债务管理部门转来的相关资料，按照实际承担的债务金额，借记"待偿债净资产——借入款项"科目，贷记"借入款项"科目。

第二，对于本级政府财政承担还款责任，贷款资金由下级政府财政同级部门（单位）使用的，本级政府财政根据贷款资金支付相关资料及预算指标相关文件，借记"补助支出"科目，贷记"债务收入"科目；根据债务管理部门转来的相关资料，按照实际承担的债务金额，借记"待偿债净资产——借入款项"科目，贷记"借入款项"科目。

第三，对于下级政府财政承担还款责任，贷款资金由下级政府财政同级部门（单位）使用的，本级政府财政根据贷款资金支付相关资料及预算指标相关文件，借记"债务转贷支出"科目，贷记"债务收入"科目；根据债务管理部门转来的相关资料，按照实际承担的债务金额，借记"待偿债净资产——借入款项"科目，贷记"借入款项"科目。同时，借记"应收外债转贷款"科目，贷记"资产基金——应收外债转贷款"科目。

3.年终转账

在年终转账时，"债务收入"科目下"专项债务收入"明细科目的贷方余额应按照对应的政府性基金种类，分别转入"政府性基金预算结转结余"相应明细科目，借记"债务收入——专项债务收入"明细科目，贷记"政府性基金预算结转结余"科目；"债务收入"科目下其他明细科目的贷方余额全数转入"一般公共预算结转结余"科目，借记"债务收入——其他"明细科目，贷记"一般公共预算结转结余"科目。结转后，"债务收入"科目无余额。

（二）债务转贷收入

债务转贷收入是指本级政府财政收到上级政府财政转贷的债务收入。债务转贷收入应当按照实际收到的转贷金额入账。为了核算省级以下（不含省级）政府财政收到的上级政府财政转贷的债务收入，省级以下（不含省级）财政总预算会计应设置"债务转贷收入"科目。该科目下应当设置"地方政府一般债务转贷收入""地方政府专项债务转贷收入"明细科目。

1.地方政府债券转贷收入

省级以下（不含省级）政府财政在收到地方政府债券转贷收入时，按照实际收到的金额，借记"国库存款"科目，贷记"债务转贷收入"科目；根据债务管理部门转来的相关资料，按照到期应偿还的转贷款本金金额，借记"待偿债净资产——应付地方政府债权转贷款"科目，贷记"应付地方政府债券转贷款"科目。

2.主权外债转贷收入

省级以下（不含省级）政府财政收到主权外债转贷收入的具体账务的处理方式如下：本级财政在收到主权外债转贷资金时，借记"其他财政存款"科目，贷记"债务转贷收入"科目；根据债务管理部门转来的相关资料，按照实际承担的债务金额，借记"待偿债净资产——应付主权外债转贷款"科目，贷记"应付主权外债转贷款"科目。

当从上级政府财政借入主权外债转贷款且由外方将贷款资金直接支付给用款单位或供应商时，应根据以下情况分别处理：

（1）对于本级政府财政承担还款责任、贷款资金由本级政府财政同级部门（单位）使用的，本级政府财政根据贷款资金支付相关资料，借记"一般公共预算本级支出"科目，贷记"债务转贷收入"科目；根据债务管理部门转来的相关资料，按照实际承担的债务金额，借记"待偿债净资产——应付主权外债转贷款"科目，贷记"应付主权外债转贷款"科目。

（2）对于本级政府财政承担还款责任、贷款资金由下级政府财政同级部门（单位）使用的，本级政府财政根据贷款资金支付相关资料及预算文件，借记"补助支出"科目，贷记"债务转贷收入"科目；根据债务管理部门转来的相关资料，按照实际承担的债务金额，借记"待偿债净资产——应付主权外债转贷款"科目，贷记"应付主权外债转贷款"科目。

（3）对于下级政府财政承担还款责任、贷款资金由下级政府财政同级部门（单位）使用的，本级政府财政根据贷款资金支付相关资料，借记"债务转贷支出"科目，贷记"债务转贷收入"科目；根据债务管理部门转来的相关资料，按照实际承担的债务金额，借记"待偿债净资产——应付主权外债转贷款"科目，贷记"应付主权外债转贷款"科目。同时，借记"应收主权外债转贷款"科目，贷记"资产基金——应收主权外债转贷款"科目。下级政府财政根据贷款资金支付相关资料，借记"一般公共预算本级支出"科目，贷记"债务转贷收入"科目；根据债务管理部门转来的相关资料，按照实际承担的债务金额，借记"待偿债净资产——应付主权外债转贷款"科目，贷记"应付主权外债转贷款"科目。

3.年终转账

在年终转账时，"债务转贷收入"科目下的"地方政府一般债务转贷收入"明细科目的贷方余额全数转入"一般公共预算结转结余"科目，借记"债务转贷收入"科目，贷记"一般公共预算结转结余"科目。"债务转贷收入"科目下的"地方政府专项债务转贷收入"明细科目的贷方余额，按照对应的政府性基金种类，分别转入"政府性基金预算结转结余"相应明细科目，借记"债务转贷收入"科目，贷记"政府性基金预算结转结余"科目。结转后，"债务转贷收入"科目无余额。

四、资金调拨收入的内容和核算

（一）资金调拨收入的内容

资金调拨收入是根据财政体制规定，在地方与中央、地方与地方各级财政之间进行资金调拨所形成的收入以及本级财政各项资金之间的调拨所形成的收入，包括补助收入、上解收入和调入资金等。

1.补助收入

补助收入是指上级财政部门按财政体制规定或专项资金需要，补助给本级财政的款项。它主要包括以下内容：

（1）税收返还收入。

（2）按财政体制规定由上级财政补助的款项。

（3）上级财政对本级财政的专项补助和临时性补助。

2.上解收入

上解收入是指按财政体制规定，由下级财政上交给本级财政的款项。它主要包括以下内容：

（1）按体制规定，由国库在下级预算收入中直接划解给本级财政的款项。

（2）按体制结算后，由下级财政补缴给本级财政的款项和各种专项上解款项。

3.调入资金

调入资金是指本级财政为平衡一般预算收支，从其他预算中调入的资金，或者为了平衡基金预算收支，而从其他预算中调入的资金，补充政府性基金预算收入来源。调入资金须按国家规定，并经过有关部门批准。

（二）资金调拨收入的核算

为了核算和监督各级财政调拨收入的执行情况，需设置"补助收入""上解收入""调入资金""地区间援助收入"科目。

1."补助收入"科目

"补助收入"科目用来核算上级财政部门拨来的补助款。该科目的贷方记录收到上级拨入的补助款或从"与上级往来"债务转入的补助款；借方记录退还上级补助和年终转入"一般公共预算结转余"的数额。该科目平时的余额在贷方，反映上级补助收入累计数；在年终转账后，该科目无余额。上级财政的"补助支出"科目数额应等于下级财政的"补助收入"科目数额。对于有基金预算补助收入的地区，应将基金预算补助通过明细科目核算，在年终结转时，应全数转入"政府性基金预算结转余"科目。当收到上级拨入的补助款时，借记"国库存款"科目，贷记"补助收入"科目；当从"与上级往来"将债务转为补助款时，借记"与上级往来"科目，贷记"补助收入"科目；当退还上级补助款时，借记"补助收入"科目，贷记"国库存款"科目；在年终结账时，借记"补助收入"科目，贷记"一般公共预算结转余""政府性基金预算结转余"科目。

2."上解收入"科目

"上解收入"科目用来核算下级财政上缴的预算上解款。该科目的贷方登记下级财政按规定上解的预算数，借方登记退回给下级的上解款。该科目平时余额在贷方，反映下级上解收入累计数；在年终转账后，该科目无余额。本级财政的"上解收入"科目数额应等于所属下级财政的"上解支出"科目数额。该科目按上解地区设明细账。当财政部门收到下级上缴的预算款时，借记"国库存款"科目，贷记"上解收入"科目；当退回下级上缴款时，进行相反的会计分录。当年终转账时，借记"上解收入"科目，贷记"预算结余""基金预算结余"科目。

3."调入资金"科目

"调入资金"科目用来核算各级财政部门因平衡一般预算（基金预算）收支，从其他预算调入的资金。该科目贷方记录调入数，在调入资金时，借记"调出资金"科目，贷记"调入资金"科目。同时，借记"国库存款"科目，贷记"其他财政存款"等科目。在年终，将其贷方余额转入"预算结余""基金预算结余"科目。

4."地区间援助收入"科目

"地区间援助收入"科目用来核算受援方政府财政收到援助方政府财政转来的、可统筹使用的各类援助、捐赠援助等资金收入。该科目应当按照援助地区及管理需要，进行相应的明细核算。该科目的平时贷方余额反映地区间援助收入的累计数。政府财政在收到援助方政府财政转来的资金时，借记"国库存款"科目，贷记"地区间援助收入"科目。在年终转账时，该科目贷方余额全数转入"一般公共预算结转结余"科目时，借记"地区间援助收入"科目，贷记"一般公共预算结转结余"科目。在年终结转后，该科目无余额。

五、调入预算稳定调节基金

调入预算稳定调节基金，是为了弥补财政短收年份预算执行收支缺口而调用的预算稳定调节基金，其资金来源依赖各级财政历年积累的预算结余资金。

六、财政专户管理资金收入的核算

为了核算和监督各级财政未纳入预算并实行财政专户管理的财政收入的执行情况，应设置"财政专户管理资金收入"科目。该科目贷方登记各级财政部门按规定组织的属于地方预算外资金范围的各项收入，借方登记年终将累计预算外收入转入"财政专户管理资金结余"科目的数额。在结转后，该科目无余额。

财政专户管理资金收入以缴入财政专户实际数额进行计量。财政总预算会计在收到财政专户管理资金收入时，借记"其他财政存款"科目，贷记"财政专户管理资金收入"科目；在年终结账转账时，借记"财政专户管理资金收入"科目，贷记"财政专户管理资金结余"科目。

第二节 事业单位的支出核算

一、预算支出管理与核算

（一）预算支出的执行

预算支出的执行由财政部门负责组织指导和监督，由各支出预算部门和单位具体负责执行。财政部门主管预算资金的分配和供应，各支出预算部门和单位按照预算规定的用途具体负责资金的运用。

1.预算支出的基本要求

为了保证预算支出的正确执行，及时、合理地供应资金、使用资金，应按照以下要求执行：

（1）坚持按支出预算执行，未经批准，不得自行突破预算、扩大开支。

（2）严格管理预算支出，不得擅自扩大开支范围、提高开支标准。

（3）贯彻勤俭节约、实事求是的精神，讲求资金使用效益。

2.预算拨款原则

为了保证预算支出的顺利进行，预算拨款应坚持下列原则：

（1）按预算计划拨款，不能办理无预算、无计划或超计划、超预算的拨款。

（2）按事业进度拨款，防止资金的积压和浪费。

（3）按核定的支出用途拨款。

（4）按预算级次拨款。

3.预算拨款的方法

预算拨款由主管部门先提出申请，经财政部门审查后，签发拨款凭证，由国库统一办理。国库在收到财政机关的拨款凭证后，经审查无误即应在同级财政存款额度内支付，并且只办理转账，不付现金。

预算拨款方式一般有"划拨资金"和"限额拨款"两种。

划拨资金是财政部门根据主管部门的申请，签发拨款凭证，通过国库办理库款拨付手续，将预算资金直接转入用款主管部门的"经费存款户"，再由主管部门开出银行结算凭证，将钱款转拨到所属用款单位"经费存款户"的一种预算拨款方法。该方法一般每月一次或分次拨付。目前，除了基建拨款以外，地方各级财政部门的预算拨款都采用此方法。

限额拨款是财政部门根据主管部门的申请，核定用款限额，给用款单位开出"限额通知书"，分季或分期下达用款额度，并通知申请用款单位和其开户银行。各用款单位要在其限额内，从其开户银行支用或转拨所属单位。月末，银行根据各单位支取数与财政部门结算。目前，中央级的行政事业费和基建拨款实行限额拨款方法。

4.预算支出的核算基础

预算支出的拨款过程涉及预算拨款数、银行支出数和实际支出数。

预算拨款数指各级财政机关根据核定的预算，分期拨给各单位的预算资金数或下达的经费限额。此数一般大于银行支出数和实际支出数。

银行支出数指各基层单位在核定的预算范围内，从银行存款中支取的资金数。银行支出数是各级财政部门核算总预算支出的数字基础，也是财政部门和主管部门结算预算拨款、计算年终包干结余的依据。此数一般大于实际支出数。

实际支出数指基层单位从银行支取款项后，实际消耗掉的资金数，是核定单位预算支出的数字基础，也是各单位支出报销的数字依据。银行支出数大于实际支出数的差额为银行支取未报数，是用款单位已从银行支取、尚未向财政报销的数额，一般表现为用款单位周转性的库存材料、现金和一部分待结算的暂付款项，是用款单位执行支出预算所需周转使用的资金。

（二）预算支出的支付方式

在国库单一账户制度下，一般预算支出的支付方式主要分为财政直接支付和财政授权支付两种。

1.财政直接支付方式

财政直接支付是指由财政部门开具支付令，通过国库单一账户体系，直接将财政资金支付到供应商或收款人（用款单位）账户的支付方式。实行财政直接支付的财政性资金包括工资支出、工程采购支出、物品和服务采购支出。

在财政直接支付方式下，预算单位按照批复的部门预算和资金使用计划，提出支付申请。财政直接支付的申请由一级预算单位汇总，填写"财政直接支付汇总申请书"，报财政部国库支付执行机构。

财政部国库支付执行机构根据批复的部门预算和资金使用计划及相关要求，对一级预算单位提出的预算申请审核无误后，开具"财政直接支付汇总清算额度通知单"和"财政直接支付凭证"，经财政部国库管理机构加盖印章签发后，分别送至中国人民银行和代理银行。

代理银行根据"财政直接支付凭证"及时将资金直接支付给收款人或用款单位。代理银行依据财政部国库支付执行机构的支付令，将当日实际支付的资金，按一级预算单位分预算科目汇总，附实际支付清单，与国库单一账户进行资金清算。代理银行根据"财政直接支付凭证"办理支出后，开具"财政直接支付入账通知书"，发至一级预算单位和基层单位，"财政直接支付入账通知书"作为一级预算单位和基层预算单位收到或付出款项的凭证。

一级预算单位负责向二级或多级预算单位提供收到和付出款项的凭证，预算单位根据收到的支付凭证做好相应会计核算。

2.财政授权支付方式

财政授权支付是国库集中支付的另一种方式，是指预算单位按照部门预算和用款计划确定资金用途，根据财政部门的授权，自行开具支付令送至代理银行，通过国库单一账户体系中的单位零余额账户或特设专户，将财政性资金支付到收款人或用款单位账户的支付方式。

财政授权支付的支出范围是除财政直接支付支出以外的全部支出，具体包括单件物品或单项服务购买额不足 10 万元人民币的购买支出、年度财政投资不足 50 万元人民币的工程采购支出、经财政部批准的其他支出。

在财政授权支付方式下，预算单位按照批复的部门预算和资金使用计划，申请授权支付的月度用款限额。财政授权支付的月度用款限额申请由一级预算单位汇总，报财政部门国库支付执行机构。

财政部门根据批准的一级预算单位用款计划中月度授权支付额度，在每月 25 日前，以"财政授权支付汇总额度通知单""财政授权支付额度通知单"的形式，分别通知中国人民银行和代理银行。

代理银行在收到财政部门下达的"财政授权支付额度通知单"后，向相关预算单位发出"财政授权支付额度到账通知书"。代理银行根据"财政授权支付额度通知单"受理预算单位财政授权支付业务，控制预算单位的支付金额，并与国库单一账户进行资金清算。

预算单位在支用授权额度时，填制财政部门统一制定的"财政授权支付凭证"（或新版银行票据和结算凭证）送至代理银行，代理银行根据"财政授权支付凭证"，通过零余额账户办理资金支付。

（三）预算支出列报口径

预算支出列报口径如下：

（1）对于实行限额管理的基本建设支出，按用款单位银行支出数列报支出；对于不实行限额管理的基本建设支出，按拨付用款单位的拨款数列报支出。

（2）对于行政事业单位的非包干性支出和专项支出，平时按财政拨款数列报支出，在清理结算收回拨款时再冲销已列支出；对于收回以前年度已列支出的款项，除了财政部门另有规定的以外，应冲销当年支出。

（3）除上述两款以外的其他各项支出，均以财政拨款数列报支出。

凡是预拨以后各期的经费，不得直接按预拨数列作本期支出，应作为预拨款处理。到期后，按前述规定列报口径处理。

（四）预算支出的管理要求

财政总预算会计按拨款数办理预算支出时，必须做到以下几点：

（1）严格按规范文件办理。财政总预算会计办理拨款支出必须以预算为准，预备费的动用必须经同级行政事业单位批准。

（2）认真审核预算单位的用款申请。财政总预算会计对主管部门（主管会计单位）提出的季度分月用款计划及分"款""项"填制的"预算经费请拨单"，应认真审核，根据经审核批准的拨款申请，结合库款余存情况，按时向用款单位拨款。

（3）及时核算、列报支出。财政总预算会计应根据预算管理的要求和拨款的实际情况，分"款""项"核算、列报当期预算支出。

（4）按计划专款专用。主管会计单位应按计划控制用款，不得随便改变资金用途。如确需在"款""项"之间调剂，应填制"科目流用申请书"，报经同级财政部门核准后使用。

（五）预算支出的核算

1.一般公共预算本级支出

为了核算和监督各级财政总预算会计办理的应由预算资金支付的支出情况，应设置"一般公共预算本级支出"科目。该科目借方登记各级财政总预算会计办理的、应由预算资金支付的各项支出，包括财政总预算会计办理的直接支出、通过预拨行政事业单位经费转列的支出，以及银行报来的基建支出数；贷方登记冲回数及年终将其借方累计余额转入"一般公共预算结转结余"科目的数额；在结转后，该科目无余额。该科目应该按"支出功能分类科目"下列入一般预算支出的类、款、项科目，分设相应明细账。财政总预算会计在办理一般预算支出时，借记"一般公共预算本级支出"科目，贷记"国库存款"等科目；在将预拨预算单位的经费转列支出时，借记"一般公共预算本级支出"科目，贷记"预拨经费"科目；在支出收回或冲销转账时，借记"国库存款"等相关科目，贷记"一般公共预算本级支出"科目；在年终结账转账时，借记"一般公共预算结转结余"科目，贷记"一般公共预算本级支出"科目。

2.政府性基金预算本级支出

（1）政府性基金预算本级支出的内容及分类

政府性基金预算本级支出是财政预算部门用政府性基金预算本级收入安排的各项支出。与一般公共预算本级支出相比，政府性基金预算本级支出具有专款专用的特征。政府性基金预算本级支出被纳入政府预算管理，属于政府预算内支出。

基金预算支出分为类、款、项三级。基金预算支出分设 15 类，具体划分如下：科学技术支出（设 1 款）、文化体育与传媒支出（分设 1 款）、社会保障和就业支出（分设 2 款）、节能环保支出（分设 2 款）、城乡社区支出（分设 8 款）、农林水支出（分设 6 款）、交通运输支出（分设 7 款）、资源勘探电力信息等支出（分设 5 款）、商业服务业等支出（设 1 款）、金融支出（设 1 款）、其他支出（分设 4 款）、转移性支出（分设 4 款）、债务还本支出（设 1 款）、债务付息支出（设 1 款），以及债务发行费用支出（设 1 款）。

政府性基金预算本级支出的会计业务处理，比照一般公共预算本级支出的有关规定办理。财政总预算会计在管理和核算政府性基金预算本级支出时，还应遵循"先收后支，分项核算"的要求。

（2）政府性基金预算本级支出的管理原则

政府性基金具有非常强的专用性，收入按标准，支出按规定，专款专用。因此，财政总预算会计在管理和核算基金预算支出时，应遵循以下基本原则：

①先收后支，自求平衡。财政总预算会计在办理基金预算支出时，必须认真审查是否有足够的基金预算收入，即"各项目的历年滚存结余+本年已实现收入-本年已支拨数"要大于或等于申请拨款数；否则，即使符合计划，也不得拨付。

②专款专用，分项核算。基金预算收入应当用于相应的基金预算支出，各项基金预算收入与基金预算支出之间不能相互调剂。

（3）政府性基金预算本级支出的核算

为了核算各级财政部门用基金预算收入安排的支出，应设置"政府性基金预算本级支出"科目。该科目的借方记录发生的基金预算支出，贷方记录收回支出或冲销转账数；平时余额在借方，反映当年基金支出累计数，年终转入"政府性基金预算结转结余"科目，结转后，该科目无余额。

该科目根据"政府性基金预算本级支出"科目（不含基金预算调拨支出数）设置明细账。在发生基金预算支出时，借记"政府性基金预算本级支出"科目，贷记"国库存款""其他财政存款"等有关科目；在支出收回或冲销转账时，进行相反的会计分录。年终将"政府性基金预算本级支出"科目余额全数转账时，借记"政府性基金预算结转结余"科目，贷记"政府性基金预算本级支出"科目。

3.国有资本经营预算本级支出

（1）国有资本经营预算本级支出的内容及分类

国有资本经营预算本级支出是各级财政部门用国有资本经营预算本级收入安排的支出。国有资本经营预算本级支出主要包括以下内容：

①根据产业发展规划、国有经济布局和结构调整、国有企业发展要求，以及国家战略、安全等需要，安排的资本性支出。

②用于弥补国有企业改革成本等方面的费用性支出。

③依据国家宏观经济政策以及不同时期企业改革和发展任务，统筹安排、确定的其他支出。

国有资本经营预算支出的层次划分及类别内容，基本与一般预算支出及基金预算支出一样，科目层次划分也是分为类、款、项三级。国有资本经营预算支出分设三类，即社会保障和就业支出、国有资本经营预算支出和转移性支出。

（2）国有资本经营预算本级支出的核算

为了核算各级财政部门用于国有资本经营预算的支出，应设置"国有资本经营预算本级支出"科目。该科目的借方记录发生的国有资本经营预算支出，贷方记录收回支出或冲销转账数；平时余额在借方，反映当年国有资本经营支出累计数，年终转入"国有资本经营预算结转结余"科目，结转后，该科目无余额。

该科目根据"国有资本经营预算本级支出"科目（不含国有资本经营预算调拨支出数）设置明细账。在发生国有资本经营预算支出时，借记"国有资本经营预算本级支出"科目，贷记"国库存款"科目；在支出收回或冲销转账时，进行相反的会计分录。年终将"国有资本经营预算本级支出"科目余额全数转账时，借记"国有资本经营预算结转结余"科目，贷记"国有资本经营预算本级支出"科目。

二、专用基金支出的管理与核算

（一）专用基金支出的内容及特点

专用基金支出是各级财政用于专用基金收入安排的支出，包括粮食风险基金支出、粮食政策性挂账利息费用补贴支出、国家储备粮油补贴支出等。作为具有特定用途的资金，专用基金在管理和核算上必须遵循"先收后支、量入为出、专款专用"的原则。

专用基金支出实行计划管理，按照规定的用途和使用范围办理支出。各项基金未经上级主管部门批准，不得挪作他用，年终结余可结转至下年继续使用。

相对于基金预算支出，专用基金支出具有以下特点：

1.专门性

专用基金支出属于专门资金，实行专款专用原则，年度结余只能用于下一年的该项支出，而不能用于平衡预算。专用基金适用于行政事业单位某一具体的专门行为，并委托下级行政事业单位执行。

2.委托性

专用基金的资金来源主要是行政事业单位的一般预算资金，也可以是基金预算资金。只有采用年终结余单独结转下年方式管理的那些资金，才属于专用基金。

（二）专用基金支出的核算

为了核算各级财政部门用专用基金收入安排的支出，应设置"专用基金支出"科目。该科目借方登记发生的专用基金支出数，贷方登记支出收回数；余额在借方，反映专用基金支出累计数，于年终从其贷方全数转入"专用基金结余"科目，结转后，该科目无余额。

在发生专用基金支出时，借记"专用基金支出"科目，贷记"其他财政存款"科目；在收回支出时，进行相反的会计分录；在年终结账时，借记"专用基金结余"科目，贷记"专用基金支出"科目。

三、债务还本支出和债务转贷支出的核算

（一）债务还本支出

债务还本支出是指政府财政偿还本级政府承担的债务本金支出。为了核算政府财政偿还本级政府财政承担的，并纳入预算管理的债务本金支出，财政总预算会计应设置"债务还本支出"科目。该科目应当设置明细科目，平时借方余额反映债务还本支出的累计数。政府财政在偿还本级政府财政承担的政府债券、主权外债等被纳入预算管理的债务本金时，借记"债务还本支出"科目，贷记"国库存款""其他财政存款"等科目；根据债务管理部门转来的相关资料，按照实际偿还的本金金额，借记"应付短期行政事业单位债券""应付长期政府债券""借入款项""应付地方政府债券转贷款""应付主权外债转贷款"等科目，贷记"待偿债净资产"科目。在偿还政府财政承担的存量债务本金时，借记"债务还本支出"科目，贷记"国库存款""其他财政存款"等科目。

在年终转账时，该科目下"专项债务还本支出"明细科目的借方余额应按照对应的政府性基金种类，分别转入"政府性基金预算结转结余"相应明细科目，借记"政府性基金预算结转结余"科目，贷记"债务还本支出"科目（专项债务还本支出）。

如果该科目下其他明细科目的借方余额全数转入"一般公共预算结转结余"科目，应借记"一般公共预算结转结余"科目，贷记"债务还本支出"科目（其他明细科目），结转后该科目无余额。

（二）债务转贷支出

债务转贷支出是指本级政府财政向下级政府财政转贷的债务支出。为了核算本级政府财政向下级政府财政转贷的债务支出，财政总预算会计应设置"债务转贷支出"科目。在该科目下，应当设置"地方政府专项债务转贷支出"明细科目，还应当按照转贷地区进行明细核算。该科目的平时借方余额，反映债务转贷支出的累计数。

1.转贷地方政府债券

本级政府财政在向下级政府财政转贷地方政府债券资金时，借记"债务转贷支出"科目，贷记"国库存款"科目；根据账务管理部门转来的相关资料，按到期应收回的转

贷款本金金额，借记"应收地方政府债券转贷款"科目，贷记"资产基金——应收地方政府债券转贷款"科目。

2.转贷主权外债资金

对于本级政府财政向下级政府财政转贷主权外债资金，且主权外债最终还款责任由下级政府财政承担的，相关账务处理方式如下：

（1）在本级政府财政支付转贷资金时，根据转贷资金支付相关资料，借记"债务转贷支出"科目，贷记"其他财政存款"科目；根据债务管理部门转来的相关资料，按照实际持有的债权金额，借记"应收主权外债转贷款"科目，贷记"资产基金——应收主权外债转贷款"科目。

（2）在外方将贷款资金直接支付给用款单位或供应商时，本级政府财政根据转贷资金支付相关资料，借记"债务转贷支出"科目，贷记"债务收入""债务转贷收入"科目；根据债务管理部门转来的相关资料，按照实际持有的债权金额，借记"应收主权外债转贷款"科目，贷记"资产基金——应收主权外债转贷款"科目。同时，借记"待偿债净资产"科目，贷记"借入款项""应付主权外债转贷款"等科目。

3.年终转账

在年终转账时，"债务转贷支出"科目下"地方政府一般债务转贷支出"明细科目的借方余额全数转入"一般公共预算结转结余"科目，借记"一般公共预算结转结余"科目，贷记"债务转贷支出（地方政府一般债务转贷支出）"科目。在"债务转贷支出"科目下"地方政府专项债务转贷支出"明细科目的借方余额全数转入"政府性基金预算结转结余"科目，借记"政府性基金预算结转结余"科目，贷记"债务转贷支出（地方政府专项债务转贷支出）"科目。结转后，"债务转贷支出"科目无余额。

第三节 事业单位养老保险和工伤保险核算

一、事业单位养老保险核算

对当前我国事业单位养老保险会计核算制度的贯彻和落实进行深入分析可以发现，虽然事业单位能够在政府会计制度改革制度的应用中对自身的养老保险会计核算工作进行有效的控制和管理，但是从本质上分析，依然有很多问题亟待商榷与研究，且个别问题非常突出。其中，主要问题有以下几点：

第一，如何实现对事业单位养老保险会计核算标准的有效建设，以此来实现事业单位养老保险预算会计和财务会计的并行。

第二，如何实现对事业单位养老保险会计核算和预算管理工作的有序开展，以此满足后续事业单位的内部控制效率与内部控制质量，提升养老保险的应用价值，扩大养老保险的应用范畴。

第三，如何有效地提升事业单位养老保险会计核算制度贯彻落实的控制效能，进一步做好单位内部的管理与控制工作，完成对会计制度改革对策的有效创新和正确应用。

第四，如何基于事业单位养老保险会计核算制度应用认知的转变，以及对制度的创新和研究，实现后续事业单位养老保险预算管理质量的提升，并带动制度应用的实效性。

第五，如何从根本上促进事业单位养老保险会计核算工作人员的个人素养，进而带动整个队伍的发展和建设，实现后续事业单位养老保险会计核算制度的长效落实与有序开展。

（一）重构核算标准，实现预算会计与财务会计并行

在我国最新执行的政府会计制度改革计划中，有效地融合了权责发生制，实现了两者之间的有效匹配与融合。在责权发生制的应用中，事业单位养老保险会计核算工作的开展，必须向强化单位财务管理能力、提升单位内部控制效能、促进单位会计应用功能、改变单位传统核算模式靠拢。通过对上述方法的应用，能够精准地反映当前事业单位养老保险会计核算的现实状况，且能够针对现阶段事业单位养老保险会计核算的问题和弊

端，创设相应的解决方案，开发科学的应用对策。

例如，在事业单位养老保险会计核算工作开展的过程中，务必通过重构核算标准的方法，有效建立和运用预算会计和财务会计并行机制。通过这一平行记账、平行工作的方法，能够有效地提升事业单位养老保险会计核算的效率和整体质量，且能够在后续的工作中重点落实好责权发生制，以此来消减预算会计与财务会计两个工作板块之间的差异性，促进两者之间工作节奏性的形成。

在此，需要特别关注的问题有：在相关工作人员对事业单位养老保险进行会计核算的时候，需要结合预算会计和财务会计的岗位职能，明确事业单位养老保险资产，同时要对事业单位养老保险的负债、收入和各项开支费用等，进行及时、必要的管理。

通过该方法的运用，能够基于双向并行的会计核算机制，构建一种更加科学、有效的事业单位养老保险会计核算制度。

（二）做好预算管理，稳定事业单位内部控制

在全新的"政府会计制度"应用中，事业单位要结合养老保险的收支业务均衡性与稳定性，设计符合标准、符合原则、符合实际纳入范畴的预算会计核算方法。在此，需要结合《预算法》的相关理念和应用机制，有效开展事业单位养老保险会计核算工作，且需要通过对《预算法》的正确理解和应用，准确地、及时地、有效地反映出事业单位养老保险会计核算的预算管理状况、预算执行状况，以及预算绩效发展状况。

通过该方法的运用，能够进一步提升"科学预算、科学管理和科学控制"机制的运用效能，能够逐步建立"出钱问效率、花钱问成果、无效必问责、问责必惩处"的机制。

例如，在对事业单位养老保险会计核算工作进行预算管理机制应用的过程中，还需要结合"出钱问效率、花钱问成果、无效必问责、问责必惩处"机制的运用，对事业单位养老保险会计核算的内部控制和管理效能，进行深入的研究与探索，以此了解在全新制度的应用中，事业单位养老保险会计核算工作的开展存在哪些问题，在内部控制方面存在哪些漏洞和不足等。可以结合全新制度的应用及问责机制的支撑，有效解决和处理事业单位养老保险会计核算工作中存在的问题。

在此，需要相关单位做好内部审计工作，为后续事业单位养老保险会计核算工作的开展及制度的有效落实，创设一个更好的应用环境与发展空间，借此可以提升事业单位的内部控制质量，能够促进事业单位养老保险会计核算工作的开展。同时，在问责制度、控制制度和预算管理制度的综合应用中，还可以有效建立各部门间的合作与互通机制，

实现部门间的共进退，满足内部控制的基本需求。

（三）突出控制效能，改革财务内部管理应用的对策

通过提升事业单位养老保险会计核算的控制效能，促进事业单位养老保险会计核算的改革效率，能够有效地查找出现阶段事业单位养老保险会计核算工作开展中潜在的问题，能够基于对各类问题的有效分析，实现对后续相关单位内部控制质量的提升，进而促进对相关单位财务内部管理应用对策的有效建设和发展。

例如，事业单位财务工作人员和会计核算人员先要明白，对单位进行财务内部控制与管理工作的开展，能够有效地设计、筹划、安排和制定后续的事业单位养老保险会计核算工作步骤和工作机制，且能够借助这一科学的应用思路，实现对制度应用中各类问题的有效调整和正确干预。这对于突出事业单位养老保险会计核算的控制效能、实现事业单位财务管理工作改革路径的有效拓展，具有重要的引导作用和现实意义。

此外，事业单位养老保险会计核算工作人员还要积极地学习财务内部控制的理论与技能，通过对电算化技术和对人工核算技术的应用以及两者之间的有效融合，满足当前事业单位养老保险会计核算工作开展的需求，实现对事业单位养老保险资金的有效管理、有效控制和有效掌握。

（四）转变管理认知，重视预算管理以及制度应用

通过转变传统的事业单位养老保险会计核算认知观念，能够实现对旧应用方法、旧核算模式，以及旧管理理念的有效剔除，进而在求同存异思想的指导下，实现全新的事业单位养老保险会计核算工作制度的建设与应用。在这一背景下，相关单位要重点关注养老保险预算管理制度的建设应用，并将之作为一项重点工程，融入后续事业单位养老保险会计核算工作的开展中，以此建立综合性的、立体性的、统一性的预算管理制度，实现整个工作体系人员管理认知的转变。

例如，在平行记账、平行工作的大背景下，事业单位养老保险会计核算工作的开展，要建立统一标准、统一制度与统一结构，以此实现对各级行政管理部门和各级事业单位的有效管控。通过该方法的应用，能够保证指令传达的通畅性，能够确保平行记账制度在各个层次中的有效应用。

同时，还要求事业单位养老保险会计核算工作人员深入了解预算会计和财务会计的分离机制与衔接机制，以此改变传统会计核算模式中的"收支管理"模式。还可以在单

位中成立预算管理小组，且相关负责人需要由不同部门的负责人轮流担任，以此提高不同部门负责人的工作能力，进而从基础上提高部门负责人对预算管理制度的认知能力和应用水平。

（五）提高人员素养，保障会计核算工作有序开展

预算管理贯穿事业单位日常的所有工作，所以事业单位养老保险会计核算工作人员务必充分认识到预算管理在优化资源配置、协调单位养老保险工作中的重要导向作用。同时，预算管理应与财务核算信息系统充分结合，实现信息共享共用，实施全方位全过程预算控制，提高预算管理效率，从而强化内部控制。

加强内部控制制度建设，是健康实施政府会计准则的重要保障，应保证会计信息的真实性、可靠性、实用性，重视控制预算、财务核算、决算、评价等全过程，为事业单位养老保险会计核算工作的开展当好参谋。

事业单位养老保险会计核算工作较为繁杂，包括独立和非独立核算单位，如单位下属机构、食堂、宿舍、研究所、实习基地和车间等。在当前全新的制度改革背景下，针对事业单位养老保险的财务转型势在必行，这要求财务人员应该积极参与到内部建设中来。

观念的转变，需要财务人员从简单、重复的会计核算转向控制与监督，实现财务信息与单位各项管理的数据共享，与科研、行政与后勤部门进行信息共建。按照单位内部控制的实施路线，将内部控制的要求嵌入各相关业务部门的工作流程中，解决财务管理中的实际问题。

综上所述，我国自从 2019 年开始实行政府会计制度改革之后，现阶段，政府会计工作得到了有效发展，实现了对后续事业单位内部控制的进一步建设。针对事业单位养老保险会计核算制度的贯彻和落实，实现了从基础性的成本预算控制、收支预算控制，到如今的政府采购预算控制、资产预算控制和民生建设项目工程预算控制的转变。基于这一转变，事业单位养老保险会计核算制度实现了从无到有的变革，完成了从理论板块到实践板块的有效整合与应用。

二、事业单位工伤保险核算

工伤保险是指国家通过立法建立的、用社会统筹的方式集中建立的基金，对在生产劳动和其他工作过程中遭受意外伤害而负伤或致残，或因从事有损健康的工作而患职业病，从而丧失劳动能力的劳动者，以及为职工因工死亡后无生活来源的供养亲属提供物质帮助的一项社会保险制度。事业单位参加工伤保险，有利于减轻单位风险，促进事业单位健康发展。

（一）事业单位工伤保险制度的演变过程

2010年10月28日，第十一届全国人民代表大会常务委员会第十七次会议通过了《中华人民共和国社会保险法》（以下简称《社会保险法》），自2011年7月1日起施行。《社会保险法》在第四章中对工伤保险进行了详细的规定。

2010年12月8日，国务院第136次常务会议通过了《国务院关于修改〈工伤保险条例〉的决定》，自2011年1月1日起施行。

自2014年7月1日起施行的《事业单位人事管理条例》第三十五条明确规定："事业单位及其工作人员依法参加社会保险，工作人员依法享受社会保险待遇。"

（二）事业单位参加工伤保险的重要意义

1.事业单位参加工伤保险，对事业单位职工的意义

一是事业单位参加工伤保险，使职工的工伤保险权益得到了制度保障。事业单位参加工伤保险，明确了事业单位职工工伤认定的管理主体是省人社厅，劳动能力鉴定的管理主体是省劳动能力鉴定委员会，待遇支付的管理主体是省社保局；明确了工伤的范围、伤残等级标准及具体的待遇标准，使事业单位职工的工伤保险权益得到了实实在在的保障。

二是事业单位参加工伤保险，能够为工伤职工提供及时的医疗救治和必要的医疗康复。社会保险机构经过筛选确定工伤医疗定点服务机构，在职工遭受工伤事故时，事业单位应当尽量安排工伤职工前往工伤医疗定点机构救治，由工伤医疗定点机构为工伤职工提供及时的、必要的医疗救治；对于特别紧急的，也可以就近救治，但在工伤职工情况稳定后，应转入工伤医疗定点服务机构，进行医疗救治和必要的医疗康复。

三是事业单位参加工伤保险，能够为工伤职工提供相应的经济补偿，解除后顾之忧。职工在遭受一般工伤事故后，工伤保险能够为工伤职工医疗期间的生活提供保障，伤残职工在劳动鉴定委员会确定伤残等级后，由社会保险机构根据伤残等级提供一次性伤残补助金。职工在发生工亡事故后，工伤保险不仅应按规定发放一次性工亡补助金、丧葬费，而且对工亡职工供养亲属也有定期定额的抚恤金。可以说，工伤保险在很大程度上解除了工伤职工的后顾之忧。

2.事业单位参加工伤保险，对事业单位的意义

一是事业单位参加工伤保险，能够减轻事业单位的负担。如果事业单位不参加工伤保险，一旦发生工伤事故，将由事业单位承担职工工伤所带来的医药费、一次性伤残（工亡）补助金、伤残津贴、供养亲属抚恤金等费用。事业单位参加工伤保险后，只要向社会保险机构按照行业差别费率缴纳工伤保险金，无论事业单位发生何种工伤事故，其所发生的费用都可以由社会保险机构按规定进行赔偿，这样可以大大减轻事业单位的负担。

二是事业单位参加工伤保险，能够协调事业单位与工伤职工的关系。如果事业单位不参加工伤保险，一旦发生工伤事故，事业单位在处理工伤事故的过程中，工伤职工及其家属难免会对事故处理及补偿政策的公正性产生怀疑、不满意处理结果，导致关系紧张甚至激化双方矛盾，产生不良后果。事业单位参加工伤保险后，由省人社厅工伤保险处负责调查、核实、认定工伤，如果认定为工伤，社会保险机构则会根据相关政策提供相关待遇。这样不仅有利于处理好工伤事故、协调事业单位与工伤职工的关系，而且可以减少事业单位在工伤事故方面投入的精力。

三是事业单位参加工伤保险，能够增强事业单位的安全意识，减少事故的发生。工伤事故的发生，在很大程度上是因为事业单位和职工的安全生产意识淡薄。事业单位参加工伤保险后，虽然是按照行业差别费率进行缴费，但是社会保险机构会根据一定时期事业单位的支缴率，进行事业单位浮动费率调整。这种工伤保险费用与工伤发生率挂钩的预防机制，能够使事业单位加强安全生产意识教育，可以预防、减少事故的发生。

总之，工伤保险是社会保障体系的重要组成部分，事业单位参加工伤保险，不仅有利于维护事业单位职工的合法权益、减轻事业单位的负担，而且对于维护社会稳定也有重要意义。

第四节 事业单位社保基金核算

社会保险基金是指为保障社会劳动者在丧失劳动能力或失去劳动机会时的基本生活需要，在法律的强制规定下，通过向劳动者及其所在单位征缴社会保险费，或由国家财政直接拨款而集中起来的资金。

目前，我国的社会保险基金一般由养老保险基金、医疗保险基金、失业保险基金、工伤保险基金和其他社会保险项目的基金构成。社保基金是确保我国社会保障制度有效运行的重要手段。事业单位是国家的公共服务部门，是政府实现宏观调控重要职能的机构，因而社保基金管理的情况在一定程度上反映着我国社会保障制度的整体运行情况。

随着社会经济的不断发展，我国的社保基金规模不断扩大，但是其中由于管理不善而出现的问题也成为社会关注的焦点。从社保基金的功能来看，保证基金的安全完整是《社会保险法》中明文规定的；而从市场经济角度讲，实现有效的投资也是扩大社保基金规模、提高单位职工福利的必然要求。但目前，许多事业单位在社保基金管理中存在问题，使得我国社会保障制度难以发挥社会"安全网"和"减震器"的作用。

一、事业单位社保基金管理中存在的问题

（一）社保基金管理意识薄弱

目前，我国多数事业单位在财务管理中缺乏对社保基金管理的有效重视，从而影响了职工的整体福利情况。例如，在社保基金管理中，一些事业单位的参保意识较弱，不愿意为职工及时缴纳社保基金，不断推迟职工办理社保的时间，损害了职工的基本权益；在社保基金管理中缺乏安全意识，使得基金的支出缺乏安全保证及必要的监督措施，为一些人侵吞社保基金留下了"空子"；职工的参保意识不强，社会保障是提高职工福利的重要措施，但是一些职工却将每月强制扣除的一部分社保资金当成了负担，或者缺乏自主缴纳的意识，甚至还有相当一部分职工对单位的社保基金管理抱有不信任的态度。针对这些问题，事业单位要想实现有效的社保基金管理，就要先转变管理意识。

（二）社保基金监督管理不力

监督是社保基金管理的基本保障，也是事业单位实现社保基金安全、完整的必然要求，目前，虽然我国社保基金在规模上不断扩大，但是事业单位作为国家的职能机关，其在社保管理中的问题层出不穷，严重影响了我国社会保障制度的持续发展。在事业单位的社保基金管理中，最主要的问题就是对基金的挪用、占用，这种严重贪腐行为的出现，不仅在于违法者的思想腐化堕落，更在于相关部门没有针对社保基金管理建立系统完善的监督制度，而为一些不法分子留下了贪腐的空子，这不仅影响了当地社保制度的建设，更严重影响了政府在公众心中的形象。

（三）社保基金管理投资渠道单一

在保证社保基金安全、完整的前提下实现稳定的保值与增值，是事业单位社保基金管理的第二目标。进入新的发展时期，我国社保基金的保值增值压力逐渐增大，一方面，我国人口老龄化情况逐渐严重，未来社保基金中用于支付养老保险的部分必然会逐年增加，而这必然会对整个社保基金支付造成巨大的压力；另一方面，近年来经济下行压力不断增加，通货膨胀明显，只有保证社保基金的收益率超过了通货膨胀率，才不至于使职工缴纳的社保基金"缩水"。但是在当前我国社保基金管理保值增值压力如此之大的情况下，多数事业单位在社保基金管理中依然采取着传统手段，即银行存款与购买国债，这样虽然在一定程度上保证了基金收益的稳定，规避了投资风险，但是在通货膨胀的情况下，这种单一的投资方式也极容易造成基金的贬值。

（四）社保基金管理人员素质不高

事业单位的社保基金管理措施需要相关的管理人员来执行，因此管理人员的综合素质是保证社保基金管理质量的重要因素。事业单位作为国家的职能部门，相对于其他单位而言，在内部制度管理中缺乏相应的激励机制，在管理中自然也就缺乏足够的动力。财务部门是社保基金管理的重要执行部门，会计人员的素质影响着社保基金的核算结果，但是在实际执行中，一些会计人员的专业素养影响了社保基金会计核算信息的真实性，尤其是在信息技术不断应用于财务管理的情况下，一些会计人员在管理中缺乏信息素养，难以适应信息化系统的操作，影响了社保基金信息化管理的进程。此外，专业社保基金投资人才的缺乏，也使得事业单位在基金管理中难以实现保值、增值的目标。

二、事业单位加强社保基金管理的有效对策

（一）转变思想，提高社保基金管理力度

对事业单位而言，要想完善社保制度、为职工提供有效的社会保障、解除职工的后顾之忧，就应该对社保基金进行系统、科学的管理，而科学管理的前提就是实现思想认识上的转变，提高管理意识。

首先，管理者应该提高社保基金的管理意识，将基金管理纳入财务管理中，科学核算社保基金的数量，明确当前社保基金的规模，并扩大社保基金的覆盖面，提高职工福利，以积极落实我国的社会保障制度。

其次，提高安全意识。财务部门应该加强对社保基金的安全管理，根据《社会保险法》，严格限制社保基金的项目支出，避免个人或部门对社保基金的挪用与侵占，保证基金的专款专用，让社保基金真正成为职工的"救命钱""养老钱"。

最后，做好社保基金的有效宣传工作，在单位内部，通过各种途径说明社保基金管理的重要性，并细化、明确基金缴纳的比例，通过信息公开，提高职工对单位社保基金管理的信任程度。

（二）加强监管，保证社保基金的使用安全

事业单位作为国家的职能部门，其运行管理情况直接影响公共服务的质量，更影响政府的公共形象。社保基金是职工的"养老钱""救命钱"，也是保证社会稳定的"安全网""减震器"，因此加强社保基金管理，对完善我国公共服务职能具有重要意义。近年来，社保基金贪腐、挪用的案件频发，使得国家对事业单位的社保基金管理更加关注。基于此，事业单位内部应该建立起完善的监督保障体系，并利用相关的配套措施加以执行落实，以有效保证社保基金的安全。

在监督管理中，事业单位应该不断完善信息公开制度，将社会保险的缴纳比例、总体规模、分配比例等信息逐步公开，并利用现代信息网络实现信息的及时更新，让职工乃至全社会都能够了解单位社保基金的管理情况，让社保基金真正在阳光下运行；利用审计制度实现财务监督，通过会计核算，根据相关法律对社保基金的使用情况进行监督、核查，将社保基金的管理纳入法治化、规范化的轨道。

（三）做好投资，实现社保基金的保值增值

无论是人口老龄化的压力，还是从市场经济的角度讲，实现社保基金的有效投资已经成为事业单位财务管理的重要内容。针对目前社保基金投资渠道单一的情况，事业单位应深入分析市场经济的投资风险情况，不断拓宽社保基金的投资渠道。

首先，中央政府应该重视社保基金投资，逐步放宽对事业单位社保基金投资的管制措施，通过试点等方式，逐步探索投资途径，以控制投资风险。

其次，加强经验交流与学习，借鉴、吸收西方国家在社保基金投资方面的先进经验，并结合我国具体的社会保障制度，进行优化、有效执行。

除此之外，完善社保基金投资管理制度，如对养老保险项目中的个人账户资金进行指导投资，并建立相应的投资风险预警机制，提高个人的投资收益，以缓解单位的社保基金支出压力。

（四）注重人才培养，提高社保基金管理的专业性

在市场经济条件下，人才的重要性逐渐凸显，在事业单位的社保基金管理方面也是如此。在市场经济条件下，社保基金的管理不仅要实现对资金及时的缴纳与分配，而且资金的闲置从某种程度上讲就是一种市场资源的浪费，因此如何利用社保基金提高职工的整体福利、提高社保水平，是事业单位应该重点思考的问题。

事业单位在社保基金管理中，应该注重对人才的培养，一方面，利用系统的职工培训制度，加强对会计人才的培养，尤其是要增加信息知识内容培训，提高会计人员的计算机操作能力，以保证社保基金核算的准确性、真实性；另一方面，还应该重视对专业投资人才的引进，通过科学、有效的规划，提高社保基金的投资效益。

总之，随着社会经济的持续发展，我国社保基金的规模逐渐扩大，这为我国社会保障制度的完善奠定了坚实的基础，但我们也必须清醒地认识到当前社保基金管理中存在的问题。对事业单位而言，社保基金是确保职工能够在年老、患病、工伤、失业、生育中获得有效社会救助的物质基础，也是提高职工福利、改善事业单位公共服务质量的必要手段。基于此，事业单位在财务管理中，应该将社保基金管理作为重点内容，不仅要从安全的角度考量，保证社保基金管理的完整，而且应该从市场经济运行的角度出发，实现社保基金的有效投资，从而扩大社保基金存量，为我国事业单位的社会保障制度奠定坚实基础。

第五章 新的"政府会计制度"在事业单位中的应用

第一节 新的"政府会计制度"解析

为全面贯彻落实党的十八届三中全会提出的"建立权责发生制政府综合财务报告制度"重大改革举措，2017 年 10 月，财政部印发了《政府会计制度——行政事业单位会计科目和报表》（财会〔2017〕25 号）。

新的"政府会计制度"是政府会计改革发展的新产物，继承了多年来我国行政事业单位会计改革的有益经验，反映了当前政府会计改革发展的内在需要和发展方向，与旧的"政府会计制度"相比，具有十大创新与突破：单位会计制度得到统一、财务会计要素得到重塑、报表体系和结构得到完善、会计科目得到优化、会计核算方法得到创新、跨期分摊费用得到详细核算、债权价值得到准确反映、资产（尤其是长期资产）项目得到细化、基建会计得以取消、增设"资金结存"会计科目。

新的"政府会计制度"的实施，有利于规范行政事业单位会计核算，提高会计信息质量，完善财务管理工作，促进单位财务工作的创新和可持续发展。但是，大部分事业单位财务人员在实施新的"政府会计制度"的过程中，依然会遇到一些困难和问题。

在本章中，将结合具体的工作实践，对事业单位在实施新的"政府会计制度"过程中遇到的问题以及应对措施进行探讨。

一、事业单位执行新的"政府会计制度"存在的问题

（一）新旧"政府会计制度"衔接问题

1.会计科目设置问题

新的"政府会计制度"优化了会计科目，新设置了费用类会计科目，例如业务活动费用、单位活动费用、经营费用、管理费用、资产处置费用和上缴上级费用等科目，满足了财务人员向单位决策者提供成本费用信息的需求。为了贯彻落实新制度要求，事业单位财务部门已于2019年年初安装了新的财务软件，并按照新制度规定进行了科目设置。虽然财政部就科学事业单位执行新制度作出了补充规定，但是大部分单位财务人员在设置明细科目及辅助核算项时产生了疑惑：是对财务会计科目设置明细一些、对预算会计科目设置明细一些？还是对两者的会计科目设置均明细一些？是否需要对收入费用类科目设置辅助核算项？

笔者查看了现有的新制度材料，虽然新制度对于大部分会计科目的明细设置、辅助核算项的设置没有明确规定，但也对一部分会计科目明细设置作了简要规定。即使如此，部分单位的科目明细设置依然没有按照新制度规定的会计科目要求和补充规定进行设置，仍然遵循旧制度科目明细设置规定。例如，新制度补充规定要求业务活动费用应当按照项目、服务或者业务类别、支付对象等进行明细核算，并在科目下设置"500101科研活动费用""500102非科研活动费用"明细科目，但是大部分事业单位收入费用类科目没有按照"收支对象""科研""非科研"等科目进行明细设置。

2.新旧会计制度衔接问题

新旧会计制度的衔接对大部分事业单位来说是一个巨大的挑战。财务人员按照衔接规定，编制了2018年12月31日的科目余额表及原账目的部分科目余额明细表，据此录入新账的期初余额。

首先，在财务会计科目的新旧衔接中，大部分财务人员单纯地按照原账科目期初余额录入对应的新账科目余额，并没有严格按照新旧衔接规定对部分原账科目余额进行分析调整，也没有补充登记原账未登记但按新制度规定应登记的相关会计事项。

其次，在预算会计科目的新旧衔接中，只涉及预算结余类科目，不涉及预算收入和预算支出类科目，财务人员需要按照原净资产类科目金额录入新账对应的科目金额，然

后按照衔接规定细化部分资产、负债类科目期初余额。大部分财务人员并没有严格按照规定对资产、负债类科目余额进行分类和细化，或者虽然财务人员按照规定对相关期初科目金额进行了分析，但由于历史原因及原账科目设置不明细、会计做账不规范等，财务人员很难判断发生收付经济事项时的资金性质，为了推进工作进度，将资金性质主观判断为财政补助资金、非财政补助专项资金或者非财政补助非专项资金中的某一种资金，进而调整原账净资产类科目期初余额，导致新账的预算会计科目期初余额不准确。

此外，大部分事业单位专用结余科目余额等于旧制度中专用基金科目余额，因为其并没有细化期初"专用基金"科目余额，没有减去从收入中提取的专用基金余额，导致专用结余金额虚高，资金结存金额虚低。

综上所述，当遇到上述困难和问题时，大部分财务人员不知道如何解决，为了按时完成新旧会计衔接，基本上只进行了数据迁移，并没有对原账科目期初余额进行彻底调整，因而降低了新账会计科目期初余额的准确性。

（二）会计核算问题

1. "平行记账"核算方法

新的"政府会计制度"的重大创新与突破之一是创新了"平行记账"核算方法。"平行记账"是指对于纳入预算管理的现金收支业务，在进行财务会计核算的同时，也要做预算会计核算；对于其他业务，只需要进行财务会计核算，不做预算会计核算。即实行会计核算的"双基础"模式：财务会计体系下以权责发生制为核算基础，预算会计体系下以收付实现制为核算基础，实现财务会计与预算会计适度分离又相互衔接，全面、清晰地反映单位财务状况、运行情况和预算执行情况。

但事业单位长期以来采用收付实现制进行收支核算，只有部分经济业务按权责发生制进行核算，大部分财务人员已经形成固有的思维模式，很难在短时间内转变。同时，财务人员缺乏以权责发生制为核算基础的财务知识，不了解"平行记账"。对于一项经济业务，他们判断不清是否应该进行预算会计核算。例如，在计发职工工资时扣回职工代垫的款项，财务会计借记"应付职工薪酬"，贷记"其他应收款"，预算会计是否要"平行记账"？新的"政府会计制度"新设置了业务活动费用、单位活动费用等费用类会计科目，对于单位发生的关于费用类经济事项，财务人员由于惯性思维，没有将费用区分为"业务活动费用"和"单位管理费用"进行核算，而是像行政单位一样，都计入"业务活动费用"，导致不能准确核算和科学归集单位的成本费用。

单位财务人员没有及时掌握"平行记账"核算方法的原理，没有深度理解新的"政府会计制度"中新设会计科目的含义，这种情况的存在，必然会降低事业单位预算执行信息的准确性。

2."双报告"报表体系

新的"政府会计制度"规定事业单位不仅要编制财务会计报表，而且要编制预算会计报表。单位财务会计报表要以权责发生制为基础进行编制，即以财务会计核算数据为准；单位预算会计报表要以收付实现制为基础进行编制，即以预算会计核算数据为准。在"双报告"报表体系下，事业单位财务人员在向领导层汇报单位财务情况时，不清楚以哪个报表为准，这是单位财务人员遇到的难题之一。在新制度背景下，一年一度的决算报表的编制是以预算会计核算的数据为准，还是涉及财务会计和预算会计两个账套数据，也是现行事业单位财务人员遇到的问题之一。然而，在新的"政府会计制度"以及新制度的补充规定中，均未对上述两个问题作出解释和规定。

（三）财务人员缺乏积极性

1.财务人员"老龄化"现象严重

新的"政府会计制度"能够在事业单位顺利实施的重要因素之一，是单位财务人员积极、高效学习理解并运用以权责发生制、收付实现制为"双基础"的会计核算。但目前，大部分事业单位财务人员的"老龄化"现象比较严重，很难抛弃传统的财务工作理念。同时，财务人员的学习效率和接受新知识的能力下降，甚至很难投入新制度的学习中，学习积极性不高，对现有制度的重大创新与突破了解甚微，很难高效推进新的"政府会计制度"的落实。

2.财务人员依赖度较高

在新制度会计环境下，一些财务人员学习主动性不高，缺乏职业判断能力。此外，一些财务人员认为自己不做账，所以没有必要投入新的"政府会计制度"学习中。财务人员对新制度学习的积极性不高，是影响新制度实施的不利因素之一。

二、应对措施

（一）实行会计信息化管理，并加强对单位资产负债的全面整理

一是事业单位应严格遵循新制度规定，科学设置明细科目。

二是建议财务软件公司按照新制度规定在系统中统一设置明细科目，并接受财政部门的审核，由财政部门统一指导、使用，财务软件人员上门安装，事业单位根据单位实际情况使用明细科目。

三是建议财政部门出台关于新制度的补充规定，对会计科目明细设置以及科目辅助核算项的设置作出总体要求，使事业单位在设置会计科目时有章可依。进一步规范、统一会计科目的设置，不仅可以降低财务人员的工作难度系数，而且可以为顺利编制政府财务报告、部门决算报表奠定基础。

此外，财务人员应该加强对单位资产负债的全面清查和整理，弄清楚来龙去脉，对原账科目期初余额进行细化、分类，以便更好地按照新制度及其衔接规定，进行新旧会计科目衔接，提高会计科目期初余额的准确性，更能准确反映事业单位财务状况和预算执行情况，为单位领导的决策提供及时、准确的财务信息。

（二）加强财务工作体系的建设

新的"政府会计制度"对原会计核算模式提出了新要求：财务会计和预算会计的会计科目"双体系"；财务会计资产、负债、净资产、收入、费用五要素和预算会计预算收入、预算支出、预算结余三要素；财务会计以权责发生制为核算基础与预算会计以收付实现制为核算基础的会计核算"双基础"；以财务会计核算数据为准编制财务报表与以预算会计核算数据为准编制预算报表的会计报表"双报告"。

为了保证在新的"政府会计制度"下顺利开展财务会计工作，建议事业单位完善财务工作体系，逐步转变以收付实现制为会计核算基础的传统会计核算理念，加强会计信息决策职能，进而形成以财务会计与预算会计既适度分离，又相互衔接的会计核算工作体系，推动新的"政府会计制度"顺利实施。

（三）加强财会人员的培训

为了使新的"政府会计制度"得以顺利实施，事业单位一定要加强对财务人员的培

训，建议单位领导高度重视该项工作，并提供必要的学习机会和空间，从而提高财务人员的学习主动性。

首先，单位财务负责人可以组织财务部门开展以新的"政府会计制度"学习为主题的工作座谈会，让每位会计人员对新制度学习的要点、领会、遇到的难题进行梳理汇总，并形成报告，大家一起沟通、谈论，互相学习，共同吸收，营造"人人要学习，人人是老师"的良好工作学风，扎实推进新的"政府会计制度"的实施。

其次，单位应加强对财会人员职业素质和专业能力的培养，加强岗位责任制的检查考核，保证日常会计工作实现"零差错"，以督促财务人员积极主动地学习新制度。

最后，财务人员自身也要及时转变传统的会计核算理念，提高工作责任心，大胆接受新知识，积极面对新的"政府会计制度"带来的巨大挑战。

新的"政府会计制度"的实施，在一定程度上满足了公共财政体制建设、部门预算、政府收支分类等财政改革的要求，提升了财务风险防控能力，规范了会计核算工作，提高了财务预算管理水平，也对事业单位的会计工作提出了新挑战。财务人员在实施新制度过程中难免会遇到一些困难和问题，应该通过积极主动的学习，逐步转变传统观念，才能更好地适应新制度的要求，进而推动我国政府会计事业的发展。

第二节 新的"政府会计制度"的应用难点

自 2019 年 1 月 1 日起，我国政府部门全面推进新的"政府会计制度"的应用。"政府会计制度"是针对政府单位部门包括事业单位、学校、医院等财政供养单位设置的会计体系。

我国最早的政府会计体系形成于 1990 年左右，是以收付实现制为基础的预算报告制度。近年来，我国市场经济发展飞速，经济环境变化巨大，对于政府会计来说，过去简单的收付实现制已经不能满足公众的信息需求，为了适应社会发展的要求，国家需要积极推进事业单位预算管理体制改革，以更好地提高财政资金使用效益，优化国有资产管理，提升政府绩效考核管理水平。

事业单位作为政府会计管理制度改革的主要适用对象，执行新制度势在必行。新的"政府会计制度"在内容上得到了创新，与旧制度相比，会计的工作量加大了，对于基层事业单位来说，其操作难度很高，新制度在事业单位中的应用存在一定难度。对新的"政府会计制度"应用后的效果和反映出的问题进行研究，是完善"政府会计制度"的重要一步。

一、新的"政府会计制度"的理论基础

（一）委托代理理论和公共受托责任理论

委托代理是指某些行为主体通过书面或口头约定，授予其他行为主体一定的权利，代替自己行使权利，并支付其相应的报酬的做法。委托代理理论产生的原因是所有权和经营权的分离，权利的所有者将其让渡给代理人。受托责任是指代理人接受委托开展授权范围内的活动，在行使权利的同时，也有义务向委托方报告实际履职情况。

在企业经济活动中，投资者和职业经理人表现为一种委托受托责任；在公共管理部门中，社会公众与政府表现为一种委托受托责任。在现行管理体制中，国有资产为全民所有，人民把公共资源委托给政府使用，政府利用公共资源向人民提供公共服务。

社会公众作为委托方，政府作为受托方掌握公共资源的使用权和管理权，承担公共管理服务的义务，向社会公众反映受托责任的履行情况。受托责任是在委托代理关系下，代理人对委托人承担的相关责任。公共受托责任的委托人为人民，代理人为政府，政府作为代理人主要履行提供公共产品和服务的责任。

随着现代财政管理体制的建立，人民参与公共管理的意识不断加强，这就要求政府会计信息反映政府受托责任的履行情况。预算会计模式下的会计信息只能反映政府受托责任的履行情况，不能提供真实、准确的运行成本信息，更不能全面反映绩效型受托责任的履行情况，因此要引入以权责发生制为基础的"政府会计制度"，全面、准确地反映政府实际运行成本信息，科学地评价政府受托责任的履行情况。

（二）会计基本假设理论

会计基本假设指为实现经济活动中的会计目标，对会计领域的时间、空间或其他事项的合理假定。会计主体假设是对会计活动空间范围进行限定的一种基本假设，它是对各项经济活动进行会计核算的前提。只有确定了会计主体，才能确定进行财务核算的范围以及最终财务报告的主体。目前，我国事业单位的会计主体包括各类事业单位、医疗机构、高等院校等单位。

持续经营假设是假定会计主体的经济活动是一直持续的、在持续经营假设基础上进行财务核算的一种假设。会计分期假设是为了便于进行会计核算、将主体的经营活动在一定期间进行会计核算的一种假设。会计分期假设便于核算企业的一定期间内的经营成果，也利于归集会计主体成本费用，方便核算政府事业单位运行成本。货币计量假设是对会计活动的价值量进行货币性度量的一种基本假设，主要是通过货币计量核算会计主体价值，并通过会计信息反映会计主体经济情况。

（三）会计确认基础理论

会计确认基础是指在经济活动中，会计事项是否确认为某一会计要素以及何时确认的问题。从国内外学者的研究情况来看，会计确认基础主要包括收付实现制和权责发生制两种类型，我国事业单位在政府会计改革前主要采用的是收付实现制。收付实现制是以经济活动中涉及的现金收支来确认收入或费用，会计主体不考虑该项权利或义务是否转移，该模式下收入与费用的可比性较差。我国事业单位的财务核算一直都是以收付实现制为基础，即采用的是预算会计制度，将资金流入作为当期预算收入，将资金支出作为当期预算支出。会计主体在收付实现制下只核算资金的流入和流出，对于非现金资产和负债不予核算，因此在该核算模式下要编制资产负债表。

随着经济社会的发展，政府发现传统的收付实现制下的核算模式不能满足财政管理的需要，因此权责发生制引起了人们的关注。权责发生制以经济活动中权利或义务是否发生转移来判断是否进行财务核算，该模式更有利于核算收入及成本。对于会计主体来说，收入和费用的确认不再以资金的流入和流出为基础进行核算，对于应归属于本期的收入或应由本期负担的费用，都要进行会计处理。对于不属于本期产生的收入或不应当由本期负担的费用，即使发生资金的流入和流出，也不需要进行会计处理。

采用权责发生制，是为了准确确定经济活动中的收入和费用，有利于准确核算单位利润情况，也使收入费用更具有可比性。权责发生制以权利或义务的转移为标准，来进行财务会计核算，因此该模式更能反映会计主体当期收益情况和资产负债的真实状况。

二、新的"政府会计制度"的内容变化

（一）会计核算体系的变化

新的会计核算体系是新的"政府会计制度"中的一项重要变化。此次改革是史无前例的，结合了过去事业单位的预算会计和企业权责发生制的财务会计，建立了一种全新的双重会计核算管理模式。新的双重核算模式将旧制度下的财务核算分离为两项内容，分别是财务会计核算和预算会计核算，将以前单一的预算会计内容改革为更符合当下财政公共信息需求的形式。这种形式既能一目了然地反映出财政资金的收支情况，又能将政府部门的单位资产按照实际情况反映出来。

财务会计和预算会计之间既有联系，又存在一定差异。财务会计主要通过财务要素资产、负债、净资产、收入和费用反映会计核算主体的经营状况及资金流动情况，它所核算的基础是权责发生制。政府部门作为公共责任的受托承担主体，必须对外进行会计核算报告。会计核算报告包含现金流量表、净资产变动表、资产负债表和收入费用表。预算会计通过会计要素预算收入、预算支出，以及预算结余，体现会计核算主体的预算收入支出履行状况。依然沿用收付实现制，可以清晰明了地反映出财政预算管理内资金的流动情况。预算会计是反映预算执行的载体，提交的财务报告为决算报告。决算报告包括地方财政拨款收入支出表、预算结转结余变动表和预算收入支出表。

财务会计与预算会计的核算模式既互相独立，又有所关联。预算内资金的支付情况必须既在预算中记录，又在财务中体现。而对于计划管理外的资金支付，只需要在财务报表中体现。这种会计制度模式，考虑到现有机构信息使用者的需要，通过推动新的政府会计核算模式的形成，有助于为编制全面、真实的会计信息创造条件，从而提高政府的绩效管理水平。

（二）会计科目设置及使用的变化

记账工作是一切财务工作的基础，是一切财务活动的开始，而会计科目的使用又是会计核算工作的基础和开始。会计科目是对经济业务中使用到的会计要素的集合，是对经济业务内容的集中反映。会计科目是对会计核算项目根据其经济内涵及作用而进行的科学划分，是对各项经济业务按照账户归集的凭据。

旧的事业单位会计制度，将所有会计核算科目区分为负债类、资产类、净资产类、

收入类和成本费用类等，共 48 个会计核算科目。在新的财务制度中，将会计科目分成财务会计与预算会计两方面，在财务会计中包括 77 个科目，其中，负债类科目 16 个，资产类科目 35 个，净资产类科目 7 个，总收入类科目 11 个，成本与费用类科目 8 个。在预算会计中包括 26 个科目，其中，预算收入类科目 9 个，预算支出类科目 8 个，预算结余类科目 9 个。

新制度将旧制度中的存货用在途物品、库存物品、加工物品代替，对存货的计量更接近企业的计量准则，从存货的各个形态准确计量，对存货的计算也更加明确、细化。部分机构出现了长期股权投资和长期债券投资的特殊情形，新制度把原有体制中的长期投资，用长期股权投资和长期债券投资代替，更适应现代趋势。

新制度在原有的资产类科目的基础上，从核算范围和种类上进行了扩大补充，增加了应收股利、坏账准备和其他货币资金等项目。同时，新制度还将行政机关事业单位的固定资产根据不同业务属性分成政府储备物资、保障性住房、公共基础设施和文物文化资产等。由于事业单位会计制度的主体是政府机关，所以很多基建项目和服务内容都属于政府部门性质，新的公共基建、政府部门储备物资、保障性住房项目都是以政府部门事业单位为财务管理而实际进行的服务，使用这些科目，能更准确地体现业务性质和业务内容。

新制度中的负债类科目对旧制度中的部分科目进行了合并和分解。随着"营改增"政策在中国企业中的广泛应用，增值税逐渐成了国家的重点流转税，而政府事业单位财务管理又产生了对增值税的计量要求。旧制度中的应交税费被分解为应交增值税和其他应交税费，这样的设置更符合会计管理现状。旧制度中的国库款与专户款项合并为应缴财政款，专户款、国库款从其属性来看都是财政资金，将以上科目合为应缴财政款，这反映了新制度简化科目计算的特点。由于资产类科目中增加了证券项目等，负债类科目也相应增加了应付利息、应付政府补贴款等。为适应权责发生制中收入与支出之间的现时义务计量，又增加了预提费用、预计负债、受托代理负债科目。

净资产类科目按照新制度的需求，分别归类到财务会计的净资产类和预算会计的预算结余类，删去了旧制度中的事业基金、非流动资产基金和事业结余。新制度在净资产类科目中增设了以前年度盈余调整、累积盈余、无偿调拨净资产、本期盈余、本年盈余分配和权益法调整。在财务会计中，新增的科目主要是核算在权责发生制下核算单位所实现的盈余，加上因无偿划转净资产而形成的净资产变化金额。预算会计的预算结余类科目主要增加了资金结存、专用结余，以及其他结余科目。资金结存科目也可以与财务会计中的货币资金类科目相对应。

新制度中的财务会计有收入类科目，预算会计中也有收入类科目。预算收入反映的是预算管理期内所收入的资金，财务的收入类科目核算的范围更广，需要将所有性质的资金都纳入核算范围。为区分各种不同性质和各种资金来源的收入，财务会计中增加了租金收入、政府捐赠收入、非同级财政收入、利息收入和政府投资收益科目。预算收入类科目增设了投资预算收益、债务预算收入、非同级财政拨款收入类科目。从科目名称可以看出，收入类科目是互相联系的。

新财务制度中有财务会计的费用类和预算会计的预算支出类。费用类科目按费用的支出性质，分为单位管理费用、业务活动费用、固定资产处置费用及所得税费用。为匹配事业单位越来越多的投资行为，新增了投资支出科目。事业单位因业务需求向外举借债务资金，反映在新增的债务还本支出科目中。

财务类科目与预算类科目根据会计要素分类设置，科目名称不同，科目性质不同，科目核算要求也不同，但是双模式背景下的设置科目也有钩稽对应关系，它们之间的联系也遵循平行记账的基本原理。科目的设置体现了财务会计和预算会计之间既互相独立，又有所关联的特殊关系。

（三）财务报表的变化

财务报表是完成公众受托责任的一个重要环节。新公共管理理论提出，政府部门应该向社会公众公开预算执行与管理的情况，而公众获取政府部门信息的最主要的渠道就是单位的财务报告。新制度下单位的财务报告更加多样化、全面化，难度也有所增加。财务报表是能够将单位的运行情况和资产情况清楚展现的报告。财务报表的设置应该满足信息使用者的需求，应该全面、有效地将会计主体的财务状况、运行状况和资金流量情况用财务数据体现出来。新制度下的财务报表设置更加科学、完整，分别以 7 份财务报告反映单位的资产负债情况和收入费用情况等，并以决算报告反映单位的预算资金收支执行状况。

财务报告中的资产负债表是最常用的表，反映的是单位的资产负债情况，以本期盈余和累计盈余反映单位的净资产。政府会计主体的净资产作为公众关注的一个重要元素，需要单独编制净资产变动表，对净资产在会计核算当年的变动情况进行详细展示。在企业会计准则下，企业的财务报告编制中一直以来都有现金流量表，而事业单位等政府单位部门的资金流动一直是公众关注的重点，新增的现金流量表将政府单位部门的资金流动情况用单独报表的形式列出，也是为了更好地满足报表使用者的需求，做到服务公众，要受公众的监督。附注是对披露的相关信息的补充。决算报表还包括预算收入与支出报表，该表是体现了预算管理系统内的资金收付状况的综合报告。

预算管理系统内的资金收入包括财政投入，还有非同级资金、其他部门补助资金预算总收入等，而财政拨款预算收入支出表只反映单位的财政性资金的收支状况，可以更一目了然地展示出财政资金的使用情况。

预算结转结余变动表与财务会计中的净资产变动表很相似，对预算结余的变化，无论是期初余额调整，还是归集上缴，都会详细反映在该报表中，从该表中可以看到单位的预算结余类资金的各个组成部分。

三、新的"政府会计制度"的应用优势及难点

（一）新的"政府会计制度"的应用优势

1.新的"政府会计制度"改革在完善绩效评价体系方面的优势

国家推行权责发生制的主要目的，就是使会计管理部门提出的会计信息成为政府信息决策的重要数据基础，当地方政府部门调整公共管理资源时，可以充分发挥已有的公共资源，实现其最大的利用价值。

旧的制度下的绩效评价体系基于单一的预算会计，得到的财务数据存在信息不完整、不考虑当期成本、财政收支情况反映不全面的问题。因为绩效评价指标的计算依赖真实、有效的财务数据，所以导致绩效评价体系难以发挥实际作用。

随着新会计制度引入权责发生制，财务数据更加真实、可靠，与财务信息相关的各项指标更加透明。单位的资产状况可以被准确记录，负债情况也可以被全面记录，内部财务指标和资源的使用效率可以得到充分体现。因此，管理者可以掌握全面的内部会计信息，促进资产管理制度的健全，也可以优化绩效管理系统的应用。

充分发挥绩效评价系统的功能，对提升政府公共资源利用效果和单位服务价值，具有促进作用，能够使社会公众了解政府资源的有效利用状况，提高政府信息传播的透明度，增加社会公众对政府行政管理工作质量的信心，有助于政府事业单位的内控制度不断实现内容变革与业绩提升。

2.新的"政府会计制度"改革在优化国有资产管理方面的优势

在旧的事业单位财务体系中，对固定资产的计量方法和计提折旧方法都是相对粗略的，固定资产的折旧并没有被计入当期的成本费用里。另外，由于固定资产是在购置时直接一次性计入当期费用的，因而还存在支出确认时间节点不准确的问题。

新的"政府会计制度"确定了不同种类的固定资产的折旧期限，统一了各单位计提折旧的年限及分类标准，有助于国有资产的管理及国有资产管理信息的准确性。新制度的优点之一是解决了过去对国有资产计量不精确的问题，对事业单位财务管理中一些"受托代理资产"单独计量，不再将其混淆在固定资产里。

新的"政府会计制度"按事业单位服务的特殊性质，加强了对"公共基础设施""政府储备物资""文物文化资产""保障性住房"固定资产的管理，将不同性质的资产明确计量，明确资产管理责任，即"谁负责谁计量"，从而避免了国有资产的流失。

3.新的"政府会计制度"改革在提高预算管理水平方面的优势

新的"政府会计制度"对政府预算编制方式作出了全新的规定，对于政府各项费用和基本开支必须用不同的方式编入，并且为避免地方行政机关对预算资金的不规范运用，新的"政府会计制度"规定单位的所有收入和费用均须列入政府预算方案的编制，这就要求预算方法的制定要比过去更为精细。

按支出类型对预算资金进行分类，能够更准确地分配各个项目的资金，更细致地控制预算支出，也方便对每项预算资金进行全方位的监督和考核。预算的制定在单位财务定额标准上依据单位上一年度的资金结余状况预算本年收支，要以单位的资金结存情况为基础，结合单位的资金支出情况，对预算资金优化配置，严格按规定使用。

新的"政府会计制度"大大地提高了会计数据的质量，规范了财务计量过程，使财务报告更真实、全面，使预算报告能够更完整地体现预算资金的收支状况，为预算方案的编制提供了信息保障，以促进事业单位更好地提供公共服务。

新的"政府会计制度"加强了对单位结存资金的管理，要确保财政资金使用到位，而不是结余滚存。对于国家财政资金的管理，收支两条线是最明显、最直观的管理方式。政府预算管理范围内的钱不仅指国家财政投入，而且包括事业单位的罚款性收入及事业性收费。

新的"政府会计制度"扩大了预算执行范围，对预算资金的管理更加全面。

（二）新的"政府会计制度"的应用难点

执行新的"政府会计制度"势在必行，但现在仍属于初期探索阶段，还有很多难点需要克服。面对不同的科目体系和核算规则，如何从旧制度过渡到新制度，是执行新制度时面临的最大问题。新制度有全新的核算模式和规则，在使用新制度时，面临着会计科目如何对应、是否需要调整、应该如何调整、会计科目如何设置与使用等问题。新制度的成功执行也需要提升会计人员的专业知识和专业能力。

1.新旧制度转换难

由于新制度与旧制度的会计科目数量种类不同，会计核算方式也有很大的区别，遵循的会计核算基础发生了变化，原有制度下的财务数据无法在2019年初直接过渡到新制度下。如何将旧制度下的财务数据准确转换为新制度下的会计信息，成为新制度应用时的一项重要难题。新制度要求各单位将2018年底的财务数据转换成为符合新制度的数据，这就要求各单位必须确定2018年底的财务数据的准确性，根据确认后的余额，调整并转换为符合新制度的2019年的期初余额。因此，各单位不仅要确保会计数据的真实、可靠，而且要完成新制度下财务报表和预算报表的编制工作。

在转换新制度的过程中，还要考虑单位的往来款项是否需要调整。在按权责发生制核算单位的成本费用后，固定资产应按每月计提的折旧，反映当月的费用支出。在旧制度下，报表中只需要展示固定资产的原值及累计折旧，对于净值没有要求，而在新制度下，固定资产在财务报表中需要完成列示，包括原值折旧和净值。计提折旧会造成净资产类科目余额的差异，所以在新旧制度衔接时，需要考虑调整问题。对于从未计提过折旧的单位来说，如何补提折旧、用什么方式计提折旧，都是单位在实施新制度时需要解决的问题。

2.平行记账法下会计科目使用难

回顾过去，每次会计制度改革都伴随着会计科目的变化。在此次"政府会计制度"改革中，会计科目也发生了巨大的变化，数量上从过去的48个科目增加到现在的103个，核算模式和核算规则也发生了巨大的变化。不仅数量增多了，而且会计科目对经济业务内容的分类也更加详细，从会计科目数量的大幅增加就可以看到，在新制度下如何准确使用会计科目也是一大难题。

在对经济业务计量时，需要同时考虑财务会计和预算会计。与以往的业务不同，在新的"政府会计制度"下，每笔经济业务的记录都需要面临对权责发生制和收付实现制的双重考虑，根据不同的业务性质，分别决定财务会计与预算会计的记录准则，同时选择合适的会计科目。

对于科目的使用不只是简单地选择合适的科目，还要考虑财务会计与预算会计的对应关系。例如，在使用资金往来科目时，预算会计通常会按照收付实现制的规定，将其作为当期的支出处理，而财务会计则在当期未列入费用，这样就会产生财务与预算的差异。对于此类情况，财务人员对会计科目的使用难度将明显增加。

3.双重财务报表衔接难

新的"政府会计制度"中提出的"双报告"是改革的一项新内容。新制度中提出了在"双核算"模式下需要分别提供对应的报表，即符合权责发生制的财务报告和以收付实现制为基础的决算报告。

财务报告是为了将单位的财务资产信息（包括固定资产原值累计折旧等信息）、负债信息（包括往来款项信息、单位的累计盈余）等情况全面展示，弥补过去的收付实现制下财务报表过于简单笼统的缺点。决算报告是根据预算会计的会计数据提取编制形成的决算报告，反映单位一定时期内预算资金的收支情况。

难点是两种报告有各自的编制原则和取数方法，但两种报告之间还有着一定的连接，两种报表之间的信息是否有缺漏、是否有重复，成为编制的难点。编制"双报告"对财务人员来说，不仅增加了财务工作量，而且增加了财务工作难度，在新旧制度衔接过程中，如何将原来单一报表中的会计数据转换为"双报告"模式下的会计数据，也是事业单位面临的一大难题。

4.财务人员专业能力匹配难

一些基层单位的会计人员技术能力有限，学习形式单一，学习机会较少，对于新制度的学习是比较困难的。对于很多科目，如长期债券投资、受托代理资产等所属的业务，会计人员从来没有接触过，操作起来更加困难，对于账务处理的正确性难以把握。同时，一些单位领导对账务的不重视、对内控制度的简单思考，都导致新制度的实施效果不理想，这就很难达到新制度全面展示财务信息、提高绩效评价水平和提高预算管理水平的目标。

政府会计的核算范围拓宽，成本核算模式更复杂，工作任务相较于旧制度增加了很多，工作难度提高了，就需要更多的职业判断，尤其是计提往来的经济业务，财务会计和预算会计在会计核算方面有许多需要注意的问题。例如，在从单位员工工资中代扣个人养老金、个人职业年金时，预算会计和财务会计如何入账、二者的差异如何消除等都是很有难度的，对会计人员的专业操作能力和职业判断素质都提出了更高的要求。

第三节 新的"政府会计制度"的应用策略

一、完成新旧制度的衔接

做好新旧制度的衔接工作，是新制度应用的第一步，这决定了新制度下财务核算的会计数据基础是"政府会计制度"顺利实施的基本保障。在面临新旧制度转换时，首先要解决的是将按旧制度核算的会计数据进行整理分析。按照新制度的要求，先要调整旧制度下的往来款项，因为往来款项并未按照预算要求进行支出处理，会影响预算会计的预算结余。因此，须将往来款项中"有实际已支付但未做支出""实际已做支出但未支付""实际已经收到但未做收入""实际已做收入但未收到"四种情况区分出来，作为调整事项。在调整往来款项时，要将对应的支出项进行调整，但由于已经是年末，收入和支出都已经结转进入财政或非财政年末余额里，所以对于调整项，相应地调整结转结余科目即可，具体包括以下方面：

（1）对于实际已支付但未做支出的经济业务，应当调减预算结余类科目，根据原经济业务使用的资金类别，调减财政拨款结转结余科目或非财政拨款结转科目。

（2）对于实际已做支出但未支付的经济业务，应当调增预算结余类科目，按照经济业务的资金类别。如果属于财政资金支出业务，应当调增财政拨款结转结余科目；如果属于非财政资金支出业务，应当调增非财政拨款结转结余科目。

（3）对于实际已收到但未做收入的经济业务，根据收到的资金类别，应当调增预算结余类科目；对于收到的属于其他资金类型的资金，应当调增非财政拨款结转结余科目；对于收到的属于财政拨款资金，应当调增财政拨款结转结余科目。

（4）对于实际已做收入但并未收到资金的经济业务，应当按照收入资金类别调减预算结余类科目；按照财政收入对应的往来业务，调减财政拨款结转结余科目；按照其他收入对应的往来业务调减非财政拨款结转结余科目。

按照以上类型，将往来科目和预算结转结余科目逐一进行分析调整后，将调整过后的结转结余余额作为转入新制度时的期初余额。新制度下固定资产的核算是一项重大的变化，因此在新旧制度转换时，必须考虑将固定资产按照新制度进行分类核算，这就需要追溯调整部分固定资产。同时，考虑到固定资产是在财务会计里进行全程核算的，按照权责发生制，固定资产是以计提折旧的形式反映在当期费用里的，这就要求各单位在使用新制度前需要补提以前年度未计提的折旧。

以事业单位为例，将固定资产按照新制度的规定具体分类。对于符合公共基础设施定义的，从固定资产转入公共基础设施；对于属于政府储备物资的，从固定资产转入政府储备物资；对于属于文化文物资产的，从固定资产转入文化文物资产；对于属于保障性住房的，从固定资产转入保障性住房。同时，对于固定资产中原类别划分不清楚、不准确的，可以按照实际固定资产，调整为合适的固定资产类别。

在补提折旧方面，可以利用国有资产管理系统按类别进行折旧的计提，将原来未计提折旧的固定资产，按照制度规定的方法，将折旧补提到转换年度的年末，按照已经使用的年限，作为补提折旧的总年限。政府物资储备和文物文化资产是不需要计提折旧的，补提的折旧作为转换后年初的"固定资产累计折旧""保障性住房累计折旧"入账金额，该固定资产的补提折旧额也是需要在累计盈余余额里调减的。

按照以上步骤调整往来款项和固定资产后，将以前年度的会计数据初步转换为符合新制度的会计数据，将调整后的会计数据填入新旧科目余额转换表，主要变化的会计科目是财务会计的累计盈余和固定资产，以及固定资产累计折旧、预算会计的预算结转类科目。

将以上数据填入后，就可以将旧制度下的数据信息转换为符合新制度的会计年初余额，使会计核算能够顺利过渡到新的"政府会计制度"，不再存在由以前年度制度差异而引起的财务会计和预算会计的差异。

二、根据会计科目的对应关系，平行记账

在新的"政府会计制度"下，科目数量繁多，核算规则与以前大不相同。平行记账法不仅要求准确使用会计科目，而且要求做到财务会计与预算会计的有效关联。从事业单位运行"政府会计制度"的经验来看，可以将会计科目的核算，按照资产类科目、负

债类科目、收入类科目、费用类科目的对应规则，进行会计核算计量。

（一）资产类科目核算规则

财务会计的资产类科目在预算会计中没有直接对应的科目，需要根据经济业务类型对应预算会计。对于支出类的经济业务，如购入固定资产、预付工程款等，对应的是预算的支出类科目；对于暂付型的经济业务，如其他应收款中的应收个人借款等，预算会计不做处理；对于资产类科目核算中的固定折旧、累计折旧，在使用该科目时，预算会计不做处理。

（二）负债类科目核算规则

预算会计只有"收入""支出""结余"科目，财务会计的负债类科目在预算中没有直接对应的科目，但可以根据经济业务的资金性质判断是否同步预算会计。对于属于支出类型的经济业务，如应付工程款等，对应预算会计，应该列为支出科目；对于属于暂收型的经济业务，如应缴财政款等，预算会计不做账务处理。

（三）收入费用类科目核算规则

财务会计的收入类科目与预算会计的预算收入类科目互相对应。在使用财务收入科目时，应同时计量相应的预算收入科目；在使用财务费用科目时，应同时计量相应的预算支出科目。

三、利用资金平衡关系，连接财务与预算会计

对于"双模式"的平行记账法，对会计数据的准确性检查是必不可少的。因为权责发生制和收付实现制既适度分离，又相互连接，如何有效地将分离的财务数据连接起来，对运行单位来说十分重要。财务与预算之间的两个平衡公式既可以有效连接双面财务数据，又能作为检验财务与预算是否准确的依据。单位可以在会计期末，运用资金平衡公式，来验证双重报表的准确性，这也是检验不同制度下会计处理是否正确的有力手段。

第一个资金平衡公式是将财务的银行存款与预算的货币资金对应起来：

货币资金期末余额 = 银行存款期末余额 − 受托代理负债期末余额

　　　　　　　　　 + 其他应收款期末余额（不属于预算支出的暂付款项）

　　　　　　　　　 − 其他应付款期末余额（不属于预算收入的暂收款项）

　　　　　　　　　 − 应付财政款期末余额

　　该资金平衡公式可以验证单位资金收支的会计处理是否正确。往来款项中涉及资金收支的经济业务一直是容易出错的地方，也是影响到财务与预算资金余额能否平衡的重要因素。利用资金平衡公式可以有效避免出错，确认经济业务的正确性。

　　第二个资金平衡公式是将财务的盈余和预算的结余有机地结合起来：

累计盈余期末余额 − 固定资产净值期末余额 = 财政拨款结转期末余额

　　　　　　　　　 + 财政拨款结余期末余额 + 非财政拨款结转期末余额

　　　　　　　　　 + 非财政拨款结余期末余额 + 专用结余期末余额

　　该资金平衡公式是双重报表连接关系的重要验证方式。按照权责发生制，财务会计年末终了，会将收入费用转入"本期盈余"科目，再从"本期盈余"科目转入"累计盈余"科目，代表的是现时权利义务下该单位的盈余情况。而按照收付实现制，预算会计年末终了会将收入与支出转入结转或结余类科目，代表着预算执行情况，即本年的收支结余情况。两种不同的结余并不是完全没有关联的，根据收入与费用确认的关系，财务会计中有两种特殊情况：

　　（1）在购入固定资产时，财务会计会将其列为固定资产，而预算会计会直接将其列为当期支出，这一财务处理差异会造成两种制度下结余的差异。

　　（2）当固定资产计提折旧时，财务会计会将其列为"固定资产折旧费用"，而预算会计既不将其列入支出，又不做会计处理，这一差异也会引起结余的差异。

　　这两种经济业务的不同处理方式，导致了财务与预算的结余差异，因此结余类的差异反映为固定资产净值期末余额。也就是说，第二个资金平衡公式是一个恒等式，能够将财务会计和预算会计连接起来。

　　在双重核算体系下，经济业务的"适度分离"体现得比较明显，但"相互连接"的准确性及关联性是隐性的，尤其是连接的准确性还需要验证。这不仅是对"政府会计制度"执行结果的一种验证，而且能够体现新的"政府会计制度"的优越性。

四、培养财会人员的管理意识

新时代的政府会计工作已经不再是简单的记账核算，财务人员作为执行"政府会计制度"的直接参与者，能够清楚地感知越来越多的经济业务都需要财务人员的职业判断。会计工作不再只是计量和反应的要求，更要结合当前的预算执行要求、绩效管理要求，以及单位的财务管理要求，对于单位的财务信息进行综合处理。会计制度的不断更新，要求会计人员的能力水平不断提升，要求其在新制度、新领域的研究能力和学习应用能力不断提高。事业单位要培养财务人员的财务管理意识，使他们从全局出发，为单位的财务工作出谋划策，及时发现并解决问题，围绕实际应用中出现的疑点、难点，提高理论联系实践的水平，以适应新的"政府会计制度"的要求。财会人员只有不断学习、查漏补缺，才能跟上改革的步伐，胜任新形势下的财务工作。

五、规范计提待摊标准，落实权责发生制

从事业单位执行新的"政府会计制度"的情况来看，权责发生制真正在基层事业单位落实，还需要制度的进一步细化，对于待摊费用、预提费用、坏账准备等科目，都需要进一步落实。在权责发生制下，事业单位要对各项费用是否属于本期收入等情况及时进行记录，对于工资类支出包括工资奖金等在当期计提的，列为当期的费用；而对于待摊费用和预提费用的标准，可以根据自己单位的资金体量与业务量，确定合适的执行标准。具体做法如下：

（1）针对待摊费用，有多少金额待摊可以单位历年相关费用支出的平均数为执行标准，当费用支出超过平均数时，启用待摊费用。这种方法可以避免对一些金额较小、使用时间较短的经济业务的重复计提核销。待摊费用的使用，可以更加准确地记录单位的当期财务数据。

（2）对于预提费用的计提，金额标准也可按照相关费用的平均数来制定适合单位的起计数。

（3）坏账准备是应收账款的备抵科目。对于基层事业单位来说，会存在一些因历史遗留问题而造成的坏账，或者由于单位领导与财务人员的更换，使得一些坏账无法厘清。在新的"政府会计制度"下，引入坏账准备科目，事业单位可以根据实际坏账情况，

选择个别认定法、账龄分析法或余额百分比法，计算应计提的坏账准备。

六、对于特殊业务制定规范，确定执行标准

对于一些特殊业务，形成统一的会计核算处理标准，可以提升规范化核算水平。对于社保资金这类需要特殊处理的经济业务，因为已经从国库零余额账户转出，预算会计是否将其列为支出会影响到单位对财政资金的管理。而目前，对这部分特殊业务的预算资金的管理没有统一要求，若管理不善，则会造成财政资金的乱用及错用。对于单位存在的特殊需求，如需要在实体社保户缴纳单位养老保险、医疗保险等，单位可按照自己的实际情况统一操作，每月都按实际社保资金量转入社保户，此时预算会计可以同时增加货币资金和财政收入，可在实体账户向社保转账时，预算会计再列支出，同时减少货币资金。

七、加大内部控制及外部检查力度

新的"政府会计制度"的有效实施，是政府会计体系建立的关键点。为了保证新的"政府会计制度"在政府各级部门的有效实施，内部管理控制与外部监督检查都是必不可少的。财政部门作为"政府会计制度"的统筹规划者，应该加强对各事业单位的指导和检查工作，要确保各单位切实按照制度规范核算、履行相应职责。通过对各单位的检查摸底，对检查中执行情况较好的单位给予鼓励，以激发各单位努力干好工作的热情；对检查中执行情况较差的单位应进行深入调研，了解清楚制度难以落实的原因，并针对执行中存在的问题提供一定的帮助，督促各单位尽快按照制度规范执行。

审计部门应加强对各单位执行财务制度的准确性的审计检查，扩大审计检查范围，细化审计检查内容，督促各政府单位提高对财政资金的使用率。在加强外部监督检查的同时，也应加快完善单位内部规章制度，做好单位内部的检查与控制工作。事业单位可以请第三方审计公司对单位内部的财务工作进行审计，纠错补漏，进行制度实施反馈。

事业单位通过实施、强化政府机构内部管理和外部审计检查、监管措施，保证政府部门会计管理制度的高效执行，进一步提高政府部门的会计信息质量。

参 考 文 献

[1]白化峰. 行政事业单位财政拨款收入的会计核算问题及对策[J]. 商业文化，2022（10）：88-89.

[2]陈丽君. 浅谈行政单位和事业单位部分会计科目设置和会计处理[J]. 知识经济，2016（13）：66-67.

[3]崔刚. 行政事业单位基于政府会计制度的财务监督探讨[J]. 当代会计，2020(19)：157-158.

[4]董斯成. 对行政事业单位公务经费支出问题的探讨[J]. 财政监督，2015（3）：47-48.

[5]甘晓燕. 行政事业单位国有资产管理问题研究[J]. 质量与市场，2022（21）：88-90.

[6]郭玉玲. 行政事业单位固定资产管理问题研究[J]. 质量与市场，2022(21)：91-93.

[7]李丽. 浅析行政事业单位国有资产收入会计核算[J]. 商，2015（30）：134.

[8]李晓军. 县乡行政事业单位支出业务管理中存在的问题及对策[J]. 财会学习，2020（7）：66+68.

[9]梁珊珊. 广东省 H 区行政事业单位资产与预算结合管理问题研究[D]. 长春：吉林大学，2019.

[10]吕亚男. 行政事业单位政府采购内部控制问题研究——以 A 局为例[D]. 济南：山东师范大学，2022.

[11]孟琳. 吉林省林业和草原局会计集中核算研究[D]. 长春：吉林大学，2020.

[12]钱灵慧. 行政事业单位财务分析探讨[J]. 中国乡镇企业会计，2019(10)：110-111.

[13]孙晗. 如何提高行政事业单位综合财务报告编制质量[J]. 会计师，2021（6）：15-16.

[14]孙婷. 内控视角下 G 市行政事业单位预算绩效管理问题研究[D]. 扬州：扬州大学，2022.

[15]王艺霖. 内部控制视角下 G 市司法局财务管理及风险防范研究[D]. 长春：吉林大学，2022.